L'EXERCICE

DU

DROIT DE CHASSE

AU

POINT DE VUE CIVIL

PAR

Paul GÉRARD

THÈSE POUR LE DOCTORAT

Présentée et soutenue le Samedi 30 Juin 1900, à 8 h. 1/2

Président : M. PLANIOL, *professeur*

Suffragants { MM. SALEILLES } *professeurs*
{ COLIN }

PARIS

LIBRAIRIE DE LA SOCIÉTÉ DU RECUEIL GÉNÉRAL DES LOIS ET DES ARRÊTS
ET DU JOURNAL DU PALAIS

Ancienne Maison L. LAROSE ET FORCEL

22, rue Soufflot, 22

L. LAROSE DIRECTEUR DE LA LIBRAIRIE

1900

THÈSE

POUR LE DOCTORAT

L'EXERCICE

DU

DROIT DE CHASSE

AU

POINT DE VUE CIVIL

PAR

Paul GÉRARD

THÈSE POUR LE DOCTORAT

Présentée et soutenue le Samedi 30 Juin 1900, à 8 h. 1/2

Président : M. PLANIOL, *professeur*

Suffragants { MM. SALEILLES / COLIN } *professeurs*

PARIS

LIBRAIRIE DE LA SOCIÉTÉ DU RECUEIL GÉNÉRAL DES LOIS ET DES ARRÊTS
ET DU JOURNAL DU PALAIS

Ancienne Maison L. LAROSE ET FORCEL
22, rue Soufflot, 22

L. LAROSE, DIRECTEUR DE LA LIBRAIRIE

1900

L'EXERCICE DU DROIT DE CHASSE
AU POINT DE VUE CIVIL

INTRODUCTION

Dans notre ancien droit, la réglementation du droit de chasse était très sévère mais aussi très complète ; de nombreuses ordonnances se succédèrent et les auteurs traitaient fort au long les questions qui s'y rattachent.

La chasse fut, au Moyen Age et jusqu'en 1789, un sujet de haine et de terreur pour les populations ; on en était arrivé à dire : *Venatio est ars vilissima et venatores nefarium genus.*

Michelet a peint d'une façon très saisissante les abus du privilège de la chasse usurpé par les seigneurs : « Rappelons, dit-il, le principe de la seigneurie, ses formules sacramentelles ; le seigneur enferme ses manants, comme sous portes et gonds, du ciel à la terre... Tout est à lui, forêt chenue, oiseau dans l'air, poisson dans l'eau, bête au buisson, l'onde qui coule, la cloche dont le son au loin roule... Si le seigneur a droit, l'oiseau, la bête ont droit, puisqu'ils sont du seigneur. Aussi était-ce un usage antique et respecté que le gibier seigneurial mangeât le paysan. Le noble était sacré, sacrée la noble bête. Le laboureur semait, la semence levée, le lièvre, le lapin des garennes venait lever dîme et censive. S'il réchappait quelques maigres épis, le manant voyait chapeau bas s'y promener le cerf féodal. Un matin, pour chasser le cerf, à grand renfort de cors et de cris, fondait sur la contrée une tempête de chasseurs, de chevaux et de chiens, la terre était rasée (1) ».

Aussi n'est-il pas étonnant que le privilège de la chasse fût un de ceux dont l'abolition était le plus réclamée en 1789. Il fut aboli avec les divers droits féodaux dans la mémorable séance tenue par l'Assemblée constituante dans la nuit du 4 août. Un décret confirma cette abolition, le 11 août suivant. Il reconnut à tout propriétaire le droit de détruire et de faire détruire, seulement sur ses possessions, toute espèce de gibier, sauf à se conformer aux lois de police qui pourraient être faites relativement à la sûreté publique.

Pendant quelques mois l'exercice de la chasse fut entièrement libre, il en résulta de nombreux abus auxquels vint couper court la loi des 28-30 avril 1790, qui, bien que faite provisoirement, dura jusqu'en 1844.

Ces lois de 1790 et du 3 mai 1844 ne sont que des lois

(1) Michelet, *Hist. de France*, tome VI, page 77.

de police, se préoccupant uniquement de la conservation du gibier et des intérêts fiscaux de l'Etat ; elles ne disent rien des conventions privées. Et cependant, si l'exercice d'un droit donne fréquemment naissance à des procès, c'est bien l'exercice du droit de chasse.

« Dans ce néant législatif, dit très justement M. Planiol, notre président, les particuliers et les tribunaux, impuissants à créer de toutes pièces les formes juridiques nouvelles qui pourraient convenir aux habitudes modernes, ont dû adapter tant bien que mal les contrats de droit commun à une situation pour laquelle ils ne sont point faits (1) ».

C'est cette adaptation que nous avons l'intention d'étudier ici, et nous verrons que bien souvent la jurisprudence fondée en droit est contraire à l'équité. Les chasseurs qui ne sont pas jurisconsultes peuvent trouver que l'application des principes de droit amène le juge à des solutions contraires au bon sens. Ce sont cependant ces principes qu'il faut appliquer dans l'état actuel de la législation. Mais il serait désirable que le législateur intervînt dans ces matières très complexes et très controversées, comme nous le verrons au cours de cette étude ; de telle sorte que, le véritable chasseur respectueux des droits de ses voisins, cultivateurs et propriétaires de chasses, fut un peu moins souvent sacrifié au profit du braconnier.

____

(1) M. Planiol, note sous Cass., 10 janv. 1893. Dalloz, 93, 1, 161.

Après un très court aperçu historique, nous recherche-
rons à qui appartient le droit de chasse, qui peut en disposer et comment on peut en disposer ; nous étudierons
ensuite les questions de propriété du gibier et de responsabilité auxquelles ce gibier donne naissance.

APERÇU HISTORIQUE

Tous les peuples de l'antiquité furent de grands amateurs de chasse. Il est inutile de remonter à cette phase sociologique où l'homme primitif avait comme moyen d'existence à peu près exclusif le produit de la chasse et de la pêche ; chasser était pour lui une nécessité, mais le gibier était très abondant et les chasseurs ne se gênaient pas les uns les autres. Ce n'est même pas dans cette période où les peuples vivaient en pasteurs, avec de nombreux troupeaux, qu'il faut rechercher des lois sur notre matière. Il faut arriver à une époque où l'idée de propriété s'est déjà développée, à une époque où l'homme a fixé sa demeure dans un lieu déterminé, s'est créé une famille et cultive le champ qu'il a défriché. Dès lors il put y avoir rivalité entre voisins, entre chasseurs ; et pour mettre fin aux difficultés pouvant s'élever au sujet de la propriété du gibier, il fallut des lois.

A cet égard on trouve déjà dans le Manava-Dharma-Sastra, la plus ancienne loi de l'Inde (XIVe siècle av. J.-C.) une disposition curieuse dont la solution se rapproche singulièrement de celle que nous admettons aujourd'hui, elle est ainsi conçue : « Les sages qui connaissent les temps anciens ont décidé que le champ cultivé est la propriété de celui qui, le premier, en a coupé le bois pour le défricher, et la gazelle, celle du chasseur qui l'a blessée mortellement (1) ».

La loi romaine considérait la chasse comme un moyen d'acquérir la propriété, aussi la permettait-elle à tout le monde. La raison était, dit Pothier, que les animaux sauvages, soit quadrupèdes, soit volatiles, tant qu'ils sont *in laxitate naturali*, étant dans l'ancien état de communauté négative et n'appartenant à personne, chacun a le droit de s'en emparer et d'en acquérir la propriété en s'en emparant : *Omnia animalia quae terra mari capiuntur, id est ferae bestiae, volucres, pisces, capientium fiunt* (2). La faculté de chasser n'était pas considérée comme un droit spécial accessoire du droit de propriété ; il importait peu que quelqu'un s'emparât des animaux sauvages sur son héritage ou sur l'héritage d'autrui *nec interest utrum in suo fundo quisque capiat an in alieno* (3).

Tout propriétaire pouvait bien interdire l'accès de son fonds à quiconque venait avec l'intention de chasser ou pour une autre cause, l'action d'injures lui était ouverte,

(1) Lois de Manou, traduites par A. Loiseleur. Deslongchamps, Paris, in-8°, 1833, liv. IX, v. 44, p. 322.

(2) Dig. liv. XLI, t. 1. *De adquirendo rerum dominio*, loi 1, § 1er.

(3) Dig. *ibid.*, loi 3, § 1er.

c'était une suite de son droit de propriété. Mais si ce chasseur, contre la défense du propriétaire, avait pénétré sur l'héritage, il n'en avait pas moins acquis la propriété du gibier qu'il avait tué ou dont il s'était emparé, car les animaux sauvages n'étaient pas considérés comme appartenant au propriétaire du fonds sur lequel ils se trouvaient.

« C'était du reste une question controversée, dit Pothier, ainsi que celle de savoir s'il suffisait que j'eusse blessé l'animal, pour que je fusse dès lors censé en avoir acquis le domaine, que je ne perdais que lorsque j'en avais abandonné la poursuite ; de manière que si, pendant que j'étais à la poursuite de cet animal que j'ai blessé, un autre s'en fut emparé, il fut censé me l'avoir volé. »

La plupart des jurisconsultes admettaient dans ce cas l'action *furti*.

En France, à l'origine de la monarchie, la chasse était considérée comme l'exercice d'un droit naturel, c'était une des prérogatives de l'homme libre, chacun pouvait chasser sur ses terres. Dans les lois des Barbares, dans les lois Salique et Ripuaire, les dispositions qui ont trait au droit de chasse ne font qu'en protéger l'exercice, condamnant celui qui s'empare du gibier tombé dans des filets et celui qui tue le cerf ou le sanglier suivi par les chiens d'autrui. Nulle part il n'est question de réserver le droit de chasse à une classe privilégiée ; les ecclésiastiques seuls ne pouvaient chasser, les différents conciles, et particulièrement celui de Tours convoqué en 813, leur inter-

disaient ce plaisir comme celui d'aller au bal et à la comé-
die, interdiction fondée uniquement sur des considérations
de décence et des règles de discipline ecclésiastique.

Mais peu à peu, les rois, afin de se livrer plus facilement
à leur plaisir favori, se réservèrent certains territoires
comprenant des bois, des cultures, quelquefois même des
rivières et des étangs ; ces immenses espaces prenaient le
nom de forêts. Les capitulaires contiennent de nombreux
textes sur la police de la chasse dans ces espaces réservés.
Les peines les plus sévères étaient appliquées ; on rapporte
même que Gontran, roi de Bourgogne, fit lapider son
chambellan pour avoir tué un buffle dans la forêt de
Vousac ou Vaugenne.

Les seigneurs imitèrent bientôt le roi, les grands vassaux
de la Couronne se créèrent des forêts, les petits se réservèrent de petites forêts, des garennes.

Ce n'est du reste pas sans de nombreuses protestations
des habitants de la campagne que ces droits purent s'établir, les seigneurs durent lutter longtemps, et ce n'est que
par la violence qu'ils parvinrent à faire respecter leur
volonté.

Sauf sur ces terrains, la chasse, jusqu'au xive siècle,
continua à être libre, ce n'était pas encore un privilège
réservé à la noblesse ; les bourgeois, les roturiers s'y
livraient librement comme les nobles. On lit dans une
ordonnance du commencement de ce siècle : « Personnes
non nobles peuvent chasser partout, hors garennes, à

lièvres et connins, à lévriers et chiens courants, à oiseaux
et à bâtons. »

C'est sous le règne de Charles VI, le 10 janvier 1396,
que fut rendue la première ordonnance interdisant formellement la chasse aux roturiers. Aucune personne non
noble du royaume ne peut chasser « s'il n'est à ce privi-
légié, ou s'il n'a aveu et expresse commission à ce, de
par personne qui la lui puisse ou doive donner, ou s'il
n'est personne d'église, ou s'il n'est bourgeois vivant de
ses possessions et rentes.... »

L'ordonnance de 1396 fut renouvelée le 18 août 1452,
sous le règne de Charles VII, puis vinrent plusieurs ordonnances, qui toutes maintinrent les prohibitions établies par les précédentes, en y ajoutant de nouveaux cas
de délit et de nouvelles peines, mais toujours en invo-
quant le bien de l'Etat. C'est ainsi que l'ordonnance
de 1452 interdit le droit de chasse aux artisans et labou-
reurs parce qu'ils délaissent leurs labourages et métiers
et à la fin deviennent « larrons, murdriers, espieux de chemins et mènent mauvaise vie », et celles de 1515 parce
qu'en chassant ils « perdent leur temps qu'ils devraient
employer au labourage, arts mécaniques ou autres, selon
l'état ou vocation dont ils sont ; lesquelles choses reviennent
au grand détriment de chose publique.... »

Enfin l'ordonnance des Eaux et forêts du 13 août 1669
vint surenchérir sur les précédentes : les seuls sujets non
nobles auxquels il fut dès lors permis de chasser, furent

non plus tous les bourgeois vivant de leurs possessions et rentes, mais uniquement ceux qui étaient propriétaires de fiefs ; encore ne pouvaient-ils exercer ce droit que sur leurs fiefs. Quant aux roturiers non possédant fiefs, il leur était formellement interdit de chasser.

Le principe de la législation, à partir du xvi⁰ siècle, c'est que le droit de chasse, attribut de la souveraineté, appartient au roi seul, il ne peut être exercé qu'en vertu de la permission du roi. Cette doctrine a été très nettement formulée à la fin du siècle dernier par Pothier : « C'est au roi, dit ce jurisconsulte, à qui le droit de chasse appartient dans son royaume, sa qualité de souverain lui donne le droit de s'emparer, primitivement à tous autres, des choses qui n'appartiennent à personne, tels que sont les animaux sauvages. Les seigneurs et tous ceux qui ont le droit de chasse ne le tiennent que de sa permission, et il peut mettre à cette permission telles restrictions et modifications que bon lui semble ».

En effet, les nobles eux-mêmes ne chassaient pas librement ; il leur était défendu de poursuivre dans leurs bois les cerfs, biches et faons, à moins d'avoir reçu une autorisation expresse, ce gibier étant spécialement réservé au roi ; et défense leur était faite également de chasser à moins d'une certaine distance des plaisirs du roi.

Le droit de chasse était un droit honorifique, par suite il ne pouvait pas s'afferme ; les seigneurs et possesseurs de fiefs qui avaient ce droit ne l'avaient que *ad oblecta-*

mentum et non pas *ad quæstum* ; le bail à ferme qu'un seigneur de fief aurait fait à quelqu'un de son droit de chasse dans l'étendue de son fief était un contrat nul, ne produisant aucune obligation civile, ni dans la personne du bailleur ni dans celle du preneur.

Mais si le droit de chasse ne pouvait faire l'objet principal et direct d'un contrat de louage, on pouvait stipuler dans le bail d'un château, dit Pothier, que le locataire aurait la faculté de chasser et de faire chasser sur les domaines en dépendant, pourvu que ce locataire fût une personne de qualité à chasser.

L'ordonnance de 1669 resta en vigueur jusqu'à la révolution ; dans la nuit du 4 août, le droit de chasse était attaqué comme tous les privilèges des nobles, le décret du 11 août en consacrait l'abolition et faisait de ce droit un attribut de la propriété. « Le droit exclusif de chasse et de garenne, était-il dit dans l'article 3, est pareillement aboli, et tout propriétaire a le droit de détruire, sur ses possessions seulement, toute espèce de gibier, sauf à se conformer aux lois de police qui pourront être faites relativement à la sûreté publique. »

Les lois de police ne se firent pas attendre bien longtemps ; la chasse étant absolument libre, le braconnage ne connut bientôt plus de bornes. L'Assemblée nationale vit là une source de désordres pouvant devenir funestes aux récoltes, elle rendit provisoirement le décret des 28-30 avril 1790. Ce décret provisoire et incomplet resta en vigueur jusqu'en 1844. Le peu de sévérité des règles sur la police de la chasse mettait en danger l'agriculture, le droit de propriété et jusqu'à la sécurité des personnes ; la conservation du gibier était compromise. C'est alors que M. Martin. du Nord présenta le projet qui devint la loi du 3 mai 1844 encore en vigueur aujourd'hui.

CONDITIONS DE CAPACITÉ

La chasse est l'action de rechercher et de poursuivre un animal sauvage avec l'intention de le capturer ; c'est l'exercice d'un droit naturel auquel peuvent se livrer toutes les personnes qui n'en sont pas déclarées incapables par la loi.

Mais pour se livrer à l'exercice de la chasse, il faut, entre autres conditions, avoir obtenu un permis de chasse ; or, le préfet peut, d'après la loi du 3 mai 1844, ne pas l'accorder à certaines personnes, à d'autres il doit le refuser. De ce fait même résulte une incapacité pour l'individu auquel le permis est refusé. Ce seront ordinairement des considérations tirées de l'intérêt général ou de la sécurité publique qui motiveront ce refus ; il serait en effet dangereux de permettre à un enfant, à un fou de porter une arme.

L'article 6 de la loi de 1844 permet au préfet de refuser la délivrance du permis, par suite le droit de chasse :

1° A tout individu majeur qui ne sera point personnellement inscrit, ou dont le père ou la mère ne serait pas inscrit au rôle des contributions ; cet individu, en effet, étant très probablement insolvable pourrait abuser impunément du droit que lui confère le permis ;

2° A tout individu qui, par une condamnation judiciaire, a été privé de l'un ou de plusieurs des droits énumérés dans l'article 42 du Code pénal, autres que le droit de port d'armes ;

3° A tout condamné à un emprisonnement de plus de six mois, pour rébellion ou violence envers les agents de l'autorité publique ;

4° A tout condamné pour délit d'association illicite, de fabrication, débit, distribution de poudre, armes ou autres munitions de guerre ; de menaces écrites ou de menaces verbales avec ordre ou sans condition ; d'entraves à la circulation des grains ; de dévastation d'arbres ou de récoltes sur pied de plans venus naturellement ou de main d'homme ;

5° A ceux qui auront été condamnés pour vagabondage, mendicité, vol, escroquerie ou abus de confiance.

La faculté de refuser des permis de chasse aux condamnés dont il est question dans les paragraphes 3, 4 et 5, cessera cinq ans après l'expiration de la peine.

L'article 7 de la même loi lui permet de ne pas le délivrer :

1° Aux mineurs qui n'ont pas seize ans accomplis ;

2° Aux mineurs de seize à vingt-et-un ans, à moins que le permis ne soit demandé pour eux par leur père, mère, tuteur ou curateur, porté au rôle des contributions ;

3° Aux interdits ;

4° Aux gardes champêtres ou forestiers des communes ou établissements publics, ainsi qu'aux gardes forestiers de l'Etat et aux gardes pêche.

Le mineur âgé de seize ans, à condition toutefois que le permis soit demandé pour lui par ses père, mère, tuteur ou curateur peut donc chasser comme tout individu majeur ; le mineur de seize ans ne le peut, au contraire, en aucun cas.

La femme majeure célibataire obtiendra certainement un permis de chasse sur sa demande ; mineure, elle l'obtiendra sur celle de son représentant légal, père, mère, tuteur ou curateur.

La femme mariée a-t-elle besoin de l'autorisation de son mari pour obtenir un permis de chasse ?

Si elle est mineure, son mari sera son curateur, il n'est pas douteux que son autorisation soit nécessaire. Mais s'il s'agit d'une femme majeure, la question est plus délicate.

Quelques auteurs se fondant sur cette idée que la femme doit obéissance au mari se prononcent en faveur de l'affirmative (1). Accueillir une demande formulée par la femme contre la volonté du mari, c'est, disent-ils, favoriser chez elle l'esprit de révolte, encourager une pensée

____

(1) Leblond, *Code de la chasse*, t. 1, n° 109.

d'indépendance toujours coupable, bien imprudente parfois, et enfin tenir en échec l'autorité maritale.

L'administration partage cette manière de voir et exige
généralement l'autorisation. En fait, nous ne pouvons que
l'approuver, mais en droit l'opinion contraire nous semble
préférable.

Pourquoi la loi refuse-t-elle au mineur de seize ans un
permis de chasse ? Pourquoi exige-t-elle que la demande
soit faite par le père du mineur âgé de seize ans ? Ce n'est
pas pour faire respecter l'autorité paternelle, mais parce
qu'elle est persuadée qu'un enfant qui n'a pas encore
atteint sa seizième année n'est jamais assez prudent pour
manier une arme en toute circonstance ; elle craint que
la sécurité publique soit compromise. Si elle permet au
père de demander pour son fils âgé de seize ans un
permis de chasse, c'est qu'elle a confiance en la sagesse
de ce père, elle lui laisse le soin de juger lui-même de
l'opportunité de la demande. Peut-on alléguer contre la
femme mariée une semblable raison ? Non, assurément.

Sans doute lorsqu'une femme mariée et majeure prétend se livrer à l'exercice de la chasse, son mari est en
droit de lui faire des remontrances et de l'engager à
renoncer à son projet, mais si elle persiste dans sa résolution, il semble impossible en droit de ne pas lui donner
satisfaction, si elle n'est pas dans un des cas prévus par
les articles 6, 7 et 8 de la loi du 3 mai 1844. En effet,
chasser n'est ni contracter une obligation, ni aliéner, ni

acquérir à titre gratuit ou onéreux, en un mot ce n'est faire aucun des actes pour lesquels l'art. 317 du Code civil exige le consentement du mari. En tous cas, le refus par la femme de se conformer aux vues de son mari pourrait, selon les circonstances, constituer une injure grave. « Un ménage où se produisent d'aussi graves dissentiments menace ruine, dit M. Chenu ; et le divorce qui guette permettra bientôt à la femme d'obtenir son permis sans l'autorisation de personne (1). »

La loi de 1844 défend formellement la délivrance d'un permis de chasse aux interdits ; elle ne parle nulle part des faibles d'esprit, des aliénés non interdits ; la seule ressource, lorsque ces individus menacent la sécurité publique, est de les faire interner dans une maison d'aliénés.

Enfin, d'après l'article 8, le permis de chasse doit être refusé.

1° A ceux qui, par suite de condamnations, sont privés du droit de port d'armes ;

2° A ceux qui n'auront pas exécuté les condamnations prononcées contre eux pour l'un des délits prévus par la présente loi ;

3° A tout condamné placé sous la surveillance de la haute police (2).

(1) Chenu, *Chasse et procès*, page 29.
(2) La loi du 27 mai 1885 a remplacé cette peine par l'interdiction de séjour.

Toute personne qui n'est pas comprise dans l'énumération d'un des articles 6, 7 et 8 de la loi de 1844 peut obtenir un permis de chasse en France, car les prohibitions sont de droit étroit. La chasse interdite aux ecclésiastiques avant la Révolution, par les lois du pouvoir séculier, ne leur est plus défendue que par les lois de l'église. L'étranger lui-même peut obtenir un permis de chasse.

PROPRIÉTÉ DU DROIT DE CHASSE

Le droit de chasse est un attribut de la propriété ; il appartient au propriétaire du terrain sur lequel on l'exerce, car ce propriétaire peut faire servir son fonds à tous les usages compatibles avec sa nature, qui ne sont pas contraires aux lois et règlements. Ce droit résulte expressément soit du décret du 11 août 1789, qui déclarait que tout propriétaire a le droit de détruire sur ses possessions toute espèce de gibier, soit de l'article premier de la loi du 3 mai 1844, portant que nul n'a la faculté de chasser sur la propriété d'autrui sans le consentement du propriétaire ou de ses ayants droit.

La question de savoir s'il y a chasse sur le terrain d'autrui, bien simple quand le chasseur tire le gibier se trouvant à terre, sur un arbre ou sur une construction quelconque, a soulevé une difficulté lorsqu'il s'agit de gibier tiré au vol au moment où il se trouve au-dessus de la propriété d'autrui.

Certains auteurs font une distinction selon que le gibier a été levé par le chasseur sur son propre terrain ou sur la propriété d'autrui, dans le premier cas ils admettent qu'il n'y a pas délit (1). On ne pourrait en donner pour motif que l'existence du droit de suite ; or, ce droit ne peut être invoqué, comme nous le verrons en étudiant les questions relatives à la propriété du gibier, que lorsque l'animal est mortellement blessé ou sur ses fins. Cette opinion doit donc être écartée.

Dans un autre système on dit : L'oiseau tiré au vol au-dessus de la propriété voisine ne l'est pas sur le terrain d'autrui au sens de l'article 11 de la loi du 3 mai 1844, cet article n'est pas applicable. L'espace aérien situé au-dessus du fonds n'est pas la propriété exclusive du propriétaire de ce fonds. Lorsque l'article 552 du Code civil dispose que « la propriété du sol entraîne la propriété du dessus », il entend par ces expressions les plantations, constructions, etc., fixées au sol et qui s'élèvent au-dessus, mais non pas l'espace aérien, qui doit être rangé parmi les *res communes*, insusceptibles d'appropriation privée. On en conclut que si l'oiseau volait au moment où il a été tiré, celui qui a tiré le coup de fusil ne peut pas être poursuivi pour chasse sur le terrain d'autrui.

Ce système repose sur une confusion entre l'air considéré en masse dans l'atmosphère, qui rentre évidemment dans la catégorie des *res communes*, et l'espace aérien situé au-dessus du sol, lequel constitue la propriété du

____

(1) De Neyremaud, *Questions sur la chasse*, pages 216 et 217.

dessus telle qu'elle est définie par l'article 552 du Code civil, et, par suite, dans la mesure où il est susceptible d'appropriation privée, appartient au propriétaire du sol. Cet article n'est que la consécration de l'ancienne maxime *Dominus soli, dominus cœli*. C'est le fil à plomb, dit M. Baudry-Lacantinerie (1), qui détermine les limites du domaine aérien. Le propriétaire du sol n'a pas seulement la liberté d'élever des constructions, de faire des plantations, mais le droit exclusif qu'il possède sur la colonne d'air située au-dessus de son fonds lui permet aussi d'arrêter les empiètements des tiers sur ce domaine aérien, d'exiger la démolition des constructions en saillie sur sa propriété, la suppression de la portion des bâtiments dont la projection verticale atteindrait le sol qui lui appartient.

Il faut également reconnaître que, de cette propriété, découle pour lui le droit d'invoquer les dispositions des articles 1 et 11 de la loi du 3 mai 1844, pour s'opposer à ce que l'on commette un acte de chasse sur l'espace aérien dépendant de son fonds.

En ce sens on peut citer un arrêt de la Cour d'Amiens du 19 février 1896 (2). Cet arrêt a condamné un chasseur, qui, du fonds sur lequel il avait le droit de chasse, avait tiré sur un faisan au moment où il volait au-dessus de la propriété voisine.

(1) Baudry-Lacantinerie, Dr. Civ., *Les Biens*, n° 337.
(2) Amiens, 19 fév. 1896. Sircy, 1896, 2, 129.

Il sera en fait très difficile à un chasseur d'apprécier à quel moment exactement le gibier n'est plus au-dessus de sa propriété ou y est pas encore ; et il semble que si, dans la seconde hypothèse, les juges doivent être très sévères, ils devront dans le premier cas, au contraire, montrer quelque indulgence.

Aux termes de la loi du 3 mai 1844, le droit de chasse appartient au propriétaire foncier et à ses ayants droit ; or, l'usufruitier rentre bien dans cette catégorie de personnes ; il jouit de tous les droits dont le propriétaire peut jouir, et il en jouit comme le propriétaire lui-même, dit l'article 597 Civ. L'usufruitier est pleinement substitué au propriétaire quant à la jouissance de l'immeuble grevé, le droit de chasse lui appartient à l'exclusion du nu-propriétaire. Si Pothier le lui refusait, c'était par suite du caractère honorifique que revêtait ce droit.

Deux droits sont de même nature que l'usufruit ; ce sont l'usage et l'habitation, ils grèvent la chose d'un droit qui la suit partout, mais ils sont limités essentiellement à la vie de la personne à laquelle ils appartiennent ; l'usage est un usufruit restreint, l'habitation, l'usage d'une maison. Ils se distinguent de l'usufruit, dit Domat (1), en ce que, au lieu que l'usufruit est le droit de jouir de tous les fruits et revenus que peut produire le fonds qui y est sujet, l'usage ne consiste qu'à prendre sur les fruits du fonds

(1) Douai, *Lois Civiles*, livre I, t. XI, sect. II, art. 1.

la portion que l'usager peut en consommer, selon ce qui en est nécessaire pour sa personne ou réglé par son titre ; le surplus appartient au maître du fonds.

Les droits d'usage et d'habitation, dit l'article 628 Civ., se règlent par le titre qui les a établis, et reçoivent d'après ses dispositions plus ou moins d'étendue. Il n'est donc pas impossible d'attribuer à l'usager le droit de chasse sur le fonds dont il a l'usage, au bénéficiaire du droit d'habitation le même droit dans le parc attenant à sa maison.

Mais si le titre est muet sur ce point, le droit de chasse devra leur être refusé ; « celui qui a l'usage des fruits d'un fonds ne peut en exiger qu'autant qu'il lui en faut pour ses besoins et ceux de sa famille », art. 630 Civ. « Le droit d'habitation se restreint à ce qui est nécessaire pour l'habitation de celui à qui ce droit a été concédé et de sa sa famille ». Art. 633. L'usager a un droit réel, droit limité aux fruits du fonds, et à cette partie des fruits qui est nécessaire à sa consommation, le reste appartient au propriétaire. Or, le gibier n'est pas un fruit du fonds, et l'on ne voit pas d'ailleurs comment il serait possible de déterminer la mesure dans laquelle la chasse devrait être permise à l'usager pour pourvoir à tous ses besoins.

Enfin, l'antichrésiste a-t-il le droit de chasse sur l'immeuble dont il a la jouissance ? L'antichrèse est un contrat par lequel un débiteur remet à son créancier un immeuble pour sûreté de sa dette. Elle confère à ce créancier, jusqu'à ce qu'il soit intégralement payé, outre un droit de rétention, un droit de jouissance, à la charge d'imputer le produit net de cette jouissance sur les intérêts d'abord s'il y en a et ensuite sur le capital de la créance. Nous ne pourrons donc pas, d'une manière générale, accorder à l'antichrésiste le droit de chasse sur le terrain qui lui est donné en nantissement. En effet, comment imputer sur les intérêts ou le capital, le bénéfice que le créancier tirerait de ce droit ? Ce serait difficile. Toutefois, la solution serait différente pour le cas où il y aurait location du droit de chasse; l'antichrésiste pourrait en toucher le prix; il y aurait alors de véritables fruits.

Nous verrons que d'autres personnes ont encore le droit de chasse, elles ne le détiendront plus comme accessoire de la jouissance du droit de propriété, mais par suite de la cession du droit de chasse lui-même.

ALIÉNATION DU DROIT DE CHASSE

Qui peut céder le droit de chasse ?

L'article premier de la loi du 3 mai 1844 contient le principe d'après lequel la cession du droit de chasse est légitime ; il déclare licite la chasse sur le terrain d'autrui avec le consentement du propriétaire, ce qui suppose que le droit de chasse est dans le commerce et peut être cédé.

Il est important de savoir qui peut céder le droit de chasse, sous peine, pour le concessionnaire, de s'exposer à des poursuites correctionnelles. L'excuse tirée de la bonne foi est, d'après une jurisprudence constante, inadmissible en matière de délits de chasse ; ces délits sont considérés comme des contraventions de simple police. Les juges tiendraient certainement compte des circonstances, il y aurait néanmoins une condamnation qui serait inscrite sur le casier judiciaire.

Le propriétaire, s'il n'est frappé d'aucune incapacité légale, a incontestablement qualité pour céder le droit de chasse sur son fonds.

Si la propriété est indivise, il faudra obtenir le concours de chacun des copropriétaires à la cession du droit, pour pouvoir chasser sans délit. Selon les principes du droit commun, lorsqu'une propriété est indivise, chacun des communistes en est propriétaire *in toto et in qualibet parte*; il peut en user comme de sa propre chose, mais à condition de ne pas porter atteinte aux droits des autres. Qu'il s'agisse d'un droit de propriété ou du droit de chasse, qui en est un attribut, le principe est le même. Sans doute, le droit de chasse peut être exercé *in integrum* par chaque communiste, mais aucun d'eux n'en est seul et unique propriétaire, par conséquent, aucun d'eux ne peut en disposer. Celui qui fait acte de chasse sur une propriété indivise, chasse nécessairement sur un terrain appartenant à l'un et à l'autre des copropriétaires et commet, à l'égard de ceux qui ne l'ont pas autorisé, le délit de chasse sur le terrain d'autrui, sans le consentement du propriétaire (1).

Le communiste, qui donne une autorisation de chasse à un tiers, augmente par sa seule volonté le nombre des ayants droit à la chasse, par suite, il diminue le droit de jouissance de ses cointéressés. Peut-être pourrait-on considérer comme valable la cession du droit de chasse, faite par un des copropriétaires du sol à un tiers, qu'il mettrait entièrement à sa place, de même qu'il pourrait céder sa part indivise du fonds lui-même; mais il n'en serait cer-

(1) Cass., 19 juin 1875.

tainement pas ainsi s'il s'agissait d'une personne ayant une part indivise dans un droit de chasse, si, par exemple, les différents copropriétaires avaient décidé d'exercer en commun leur droit ; il faudrait tenir compte de l'élément d'*intuitus personae* qui se rencontre dans toute réunion de chasseurs.

L'usufruitier est un ayant droit du propriétaire dans toute la force du terme, il pourra, valablement, céder le droit de chasse sur le terrain dont il possède l'usufruit. Parfois même, le propriétaire ne pourra pas disposer du droit de chasse après l'extinction de l'usufruit ; le bénéficiaire de ce droit a, en effet, la faculté de faire des baux pour une durée de neuf années ; et le bail prendra assez rarement fin en même temps que l'usufruit.

Quant à l'usager, il lui est impossible de céder valablement le droit de chasse que son titre a pu lui conférer sur le terrain dont il a l'usage, l'article 631 dit formellement : L'usager ne peut céder ni louer son droit à un autre.

Dans certaines régions, la propriété s'est tellement morcelée, depuis quelques années, qu'il est impossible aux différents propriétaires d'exercer leur droit de chasse, chacun sur leur propre fonds. Ordinairement, la chasse est banale ; tout chasseur, muni d'un permis de chasse, peut parcourir les champs à la recherche d'un gibier qu'il trouve rarement. Mais si, par hasard, le pays est favorable à la reproduction du gibier, ou si quelque chasse voisine giboyeuse permet de rencontrer parfois un lièvre ou un faisan égaré, le maire de la commune songe à tirer parti de la situation dans l'intérêt de ses administrés. Il interdit, après délibération du conseil municipal, la chasse sur le territoire de sa commune à tout individu n'habitant pas la localité, qui n'a pas versé à la caisse municipale une somme déterminée, le prix d'une action de chasse.

De pareilles délibérations sont de tout point illégales et elles devraient, ainsi que les arrêtés pris par les maires pour en assurer l'exécution, être annulées par le Conseil d'Etat comme entachées d'excès de pouvoirs, dans le cas où le préfet n'aurait pas pris lui-même l'initiative de leur annulation, conformément aux articles 63, 65 et 95 de la loi du 5 avril 1884.

Dans certains départements même, l'usage en a été tellement répandu, que les préfets ont cru devoir inviter les municipalités à renoncer à une pratique attentatoire aux droits des propriétaires (1).

Pour que l'interdiction ait quelque efficacité, il faudrait

---

(1) En 1879, l'avis suivant fut publié dans le département de la Haute-Loire : « C'est par suite d'un abus de pouvoir qu'un certain nombre de municipalités font annoncer l'interdiction de la chasse sur le territoire de leurs communes. Les délibérations des Conseils municipaux ou les arrêtés des maires prononçant cette interdiction, doivent être réputés nuls et de nul effet. Les délibérations des Conseils municipaux sont prises, en effet, en violation de la loi, et les arrêtés des maires excèdent la compétence de ces magistrats en ce qu'ils portent sur le territoire entier de la commune et non pas sur les propriétés communales seulement ».

que chaque propriétaire abandonnât son droit de chasse, autorisant le maire à l'aliéner au profit de la commune. Le propriétaire, qui a conservé son droit, peut seul poursuivre le délinquant; il peut toujours faire dresser procès-verbal à celui qui chasse sur son terrain sans sa permission. L'étranger, qui aurait versé le prix de son action, ne serait pas par cela même à l'abri des poursuites et il invoquerait inutilement sa bonne foi.

Comment peut être cédé le droit de chasse.

Nous avons vu que le droit de chasse, accessoire du droit de propriété, appartient au propriétaire et à ses ayants droit, mais il n'est pas nécessairement exercé par eux, il peut être cédé.

Le propriétaire pourra se dessaisir complètement de son droit en faveur d'un cessionnaire, qui, lui-même, pourra en jouir comme bon lui semblera, en restant toutefois dans les limites fixées par l'acte de cession ; ou bien, tout en conservant pour lui-même la faculté de chasser, il pourra accorder des permissions à titre gratuit ou à titre onéreux. Le droit de chasse étant dans le commerce peut être l'objet de toutes sortes d'actes ou contrats qui ne sont pas contraires aux lois et aux règlements.

L'aliénation de ce droit à perpétuité est-elle contraire à l'ordre public ? Peut-on considérer qu'il y a dans ce fait une servitude imposée à un fonds au profit d'un autre fonds, ou seulement une servitude constituée au profit d'une personne? Dans le premier cas l'aliénation sera valable, dans le second elle sera nulle. L'article 686 Civ. décide en effet qu' « il est permis aux propriétaires d'établir sur leurs propriétés ou en faveur de leurs propriétés, telles servitudes que bon leur semble, pourvu néanmoins que les services établis ne soient imposés ni à la personne, ni en faveur de la personne, mais seulement à un fonds et pour un fonds, et pourvu que ces services n'aient d'ailleurs rien de contraire à l'ordre public ».

Pour qu'il y ait servitude réelle, il faut que la relation soit établie entre les deux fonds, considérés de part et d'autre pour eux-mêmes, *per se*, d'une manière directe et principale, indépendamment de la personne des propriétaires. On ne peut pas attacher à la propriété d'un fonds des prérogatives qui profiteraient au maître, sans augmenter l'agrément ou l'utilité du fonds lui-même.

« Mais, dit M. Demolombe (1), comment distinguer dans l'application, si telle ou telle servitude est établie en faveur du fonds lui-même, ou seulement en faveur de la personne ?

« Cette distinction peut être, en effet, délicate ; car le fonds lui-même, en soi, chose inanimée, ne retire de la servitude aucun avantage ; et en dernier résultat, c'est la personne du propriétaire ou du possesseur qui, dans tous les cas, en profite.

(1) Demolombe, *Servitudes*, II, n° 679

« On peut toutefois proposer, à cet égard, une règle très simple et généralement assez sûre, à savoir :

« Que l'existence de deux héritages appartenant à des maîtres différents est une condition indispensable de la servitude réelle, et qu'il faut que la charge, imposée à l'un d'eux en faveur de l'autre, soit telle, passivement et activement, qu'elle suppose nécessairement une relation entre deux héritages, et qu'elle ne puisse pas, en quelque sorte, se concevoir indépendamment de ces deux héritages. »

Si l'application du principe ne présente pas en général de grandes difficultés, si l'on n'hésite pas pour déterminer le caractère d'une servitude de passage, de vue ou d'appui, on se trouvera au contraire très embarrassé dans certains cas, et notamment quand on se trouvera en présence de services qui semblent se rapporter à l'agrément individuel du propriétaire plutôt qu'à l'utilité et à l'exploitation du fonds lui-même.

C'est ainsi que le droit de chasse a donné naissance, sur ce point, à de nombreuses controverses.

Ce droit, d'après quelques auteurs (1), peut faire l'objet d'une servitude réelle ; il constitue un démembrement de la propriété qui peut exister indépendamment de la propriété parfaite, et, quand on stipule le droit de chasse au

(1) Toullier, *Code civ.*, t. III, n° 588. Dalloz, *Repert. Chasse.* — Gillon et Villepin, *Code du chasseur*, n° 52.

profit d'un fonds, il y a, disent-ils, pour le fonds auquel on l'ajoute un avantage, une utilité manifeste.

Ce système ne rencontre plus guère aujourd'hui que des adversaires. En effet, sauf peut-être en des circonstances de fait très exceptionnelles, le droit de chasse ne procure au fonds lui-même aucune utilité ; l'agrément seul du propriétaire est en cause, si bien que le droit de chasse se conçoit parfaitement sans que son titulaire possède aucune propriété.

Il ne faut pas confondre l'usage et l'utilité que le fonds pourrait trouver dans la servitude avec l'augmentation de valeur qui pourrait résulter pour lui de la concession du droit de chasse. Certes, le fonds auquel ce droit serait attaché se louerait ou se vendrait plus avantageusement.

Défions-nous de cet argument-là, dit M. Demolombe (1) ; car il pourrait nous mener fort loin ; si j'achetais une maison située à Paris, en stipulant pour tous les propriétaires futurs de cette maison le droit de chasser dans un bois que mon vendeur posséderait dans les Vosges, je crois bien aussi que la valeur vénale ou locative de la maison en serait augmentée. Mais pourquoi ? C'est parce que la vente ou le bail comprendrait alors deux droits : d'abord, la maison, et puis un droit de chasse qui serait vendu ou loué en même temps ; mais

(1) Demolombe, *Servitudes*, II, n° 686.

apparemment nul ne prétendrait qu'un pareil droit constituerait dans ce cas une servitude. Eh bien ! il en est
ainsi lors même que la forêt est rapprochée du fonds
auquel on veut attacher le droit de chasse; il augmen-
terait si l'on veut la valeur vénale et locative de ce fonds;
mais il ne s'en suivrait nullement qu'il pût être considéré
comme une servitude, c'est-à-dire comme un droit qui
améliore le fonds lui-même en sa qualité de fonds.

On ajoute, du reste, à toutes ces considérations, le caractère féodal que revêterait cette servitude. C'est pour
cela qu'un avis du Conseil d'Etat a déclaré nulle la concession à perpétuité d'un droit de pêche. (Avis du Conseil
d'Etat, 11 octobre 1812).

La Cour de cassation a admis ce système, dans un arrêt
du 9 janvier 1891, après avoir, en 1860, rendu un arrêt
en sens contraire.

Il est vrai que, dans ce dernier cas, le droit de chasse,
réclamé par le sieur Thierry-Delanoue, dans la forêt de
Soulaines, lui appartenant, avait été concédé aux habitants de la commune, par les seigneurs de Soulaines, en
1505, en même temps que le droit de pâturage et de glandée dans la forêt; ce n'était plus un plaisir individuel,
mais une faculté générale accordée au même titre que le
pacage ou la glandée à tous ceux qui habitaient la commune. C'est, dans ce cas, un droit attaché à l'habitation,
dans la commune, et non à la personne de l'habitant, car
celui-ci le perd dès qu'il quitte la commune : c'est donc

un droit sur un fonds et en faveur d'un fonds, partant, non servitude réelle.

Si le droit de chasse ne peut pas constituer, en général, une servitude prédiale en faveur d'un fonds, nous admettons bien qu'il peut être établi à titre d'usage irrégulier, de manière à grever, au profit d'une personne déterminée et pendant sa vie, le fonds servant d'une charge réelle, qui le suivra dans les mains de tout tiers détenteur. Mais ce mode de cession est peu commode, il est soumis à des formalités qui rendent le droit de chasse difficile à manier, on lui préfère le louage.

Location du droit de chasse.

Tout le monde admet que le droit de chasse sur un immeuble peut être loué ; la légalité d'un tel bail a été, du reste, consacrée par le décret du 25 prairial, an XIII, portant que les maires sont autorisés à affermer le droit de chasse dans les bois communaux, et l'ordonnance du 24 juillet 1832, qui prescrit de louer le droit de chasse dans les forêts de l'Etat ; mais le Code civil ne parle pas de cette sorte de louage ; aussi est-ce un point délicat que celui de savoir quel est l'objet d'un bail de chasse.

D'après Pothier, « le bail à ferme d'une terre s'analyse en une vente que le bailleur fait au fermier des fruits qui y seront à recueillir pendant le temps du bail (1) ». L'émi-

(1) Pothier, *Traité du louage*, n° 4.

La théorie de la Cour de cassation, si, du moins, elle est telle que M. Esmein a cru pouvoir la déduire de ces mots : l'art. 1743 s'applique simplement aux baux à loyer qui, comme le bail de chasse, « se restreignent à la jouissance d'un des droits inhérents à la propriété », ce qui est contesté (1), nous amènerait à considérer le bail de chasse, comme la vente du gibier que le locataire pourra tuer ou capturer ; et nous venons de voir que ce système n'était pas admissible.

M. Esmein se refuse à voir un bail dans la concession du droit de chasse ; il admet, avec la Cour d'Amiens, dont l'arrêt fut cassé par la Cour suprême, qu'il y a création d'un droit de créance. « Je puis bien convenir, dit-il, que moyennant un prix déterminé, vous me laisserez, seul ou avec d'autres personnes, chasser, pêcher, baigner, etc., dans votre propriété. » Mais un bail arriverait presque au même résultat que la création de droits réels, ayant pour objet le démembrement de la propriété, interdits par l'article 686 Civ. « Le législateur de 1790 a voulu, avant tout, garantir la liberté de la propriété en la préservant des charges perpétuelles ; et, sur ce point, il a assimilé le bail aux charges réelles, le trouvant sans doute aussi dangereux (Loi 18-29 décembre 1790, t. I, art. 1er) : il a défendu de faire, par la combinaison du bail, l'équivalent, ou à peu près, de ce qu'il prohibait comme constitution de droits

(1) Baudry-Lacantinerie, *Louage*, page 20.

réels. C'est à raison de leur multiplicité possible, autant qu'à raison de leur perpétuité, que l'article 686 Civ. prohibe les servitudes établies seulement au profit d'une personne. »

Cette opinion ne nous semble pas déterminante, car le bail ne confère que des droits personnels, concession que l'article 686 ne prohibe pas, et il est essentiellement temporaire.

Nous préférons dire, avec de nombreux auteurs (1), que ce qui fait l'objet de la location, c'est le droit de chasser, c'est-à-dire un droit incorporel, qui appartient au propriétaire du sol au même titre que les autres avantages qu'il recueille de la jouissance de son fonds.

Cette sorte de louage est, il est vrai, inconnue du Code civil qui ne prévoit que le louage de choses et le louage d'ouvrage. Aussi nous demandons-nous dans quelle catégorie il faut le faire rentrer, et quelles règles lui appliquer. Il ne peut être question du louage d'ouvrage puisque le propriétaire du fonds ne s'oblige pas à faire quoique ce soit ; les principes établis pour le louage de choses lui sont seuls applicables et par analogie seulement, car il s'agit dans le bail de chasse de céder un droit incorporel, tandis que le Code civil entend, par choses, des droits corporels mobiliers et immobiliers.

(1) MM. Planiol, note précitée. — Baudry-Lacantinerie, *Louage*, n° 36. — Guillouard (*Louage*, n° 71).

Mais avant d'appliquer au bail de chasse les règles du contrat de louage, nous devons examiner quelques questions très délicates et très controversées que font naître les rapports existant entre le propriétaire et le fermier.

A défaut de stipulation expresse dans le bail, à qui appartient la faculté de chasser?

Lors de la discussion de la loi de 1844, le garde des sceaux a répondu à un député qui appelait l'attention de la Chambre sur ce point : « Nous faisons une loi sur la police de la chasse ; nous n'avons pas entendu établir des principes relativement à l'exercice de la chasse. La question posée reste parfaitement entière, d'après les principes du droit et de la jurisprudence. »

Nous ne rencontrons pas moins de quatre opinions.

Dans un premier système, on attribue le droit de chasse au preneur du fonds ; c'est un attribut de la propriété ; or, le preneur a droit à tous les avantages que la propriété procure, qu'il s'agisse de droits utiles ou de droits qui ne sont exercés que pour l'agrément. La chasse, du reste, n'est pas seulement un plaisir, elle peut être louée, elle constitue donc un droit utile. La définition du bail dit que le bailleur s'oblige à faire jouir le preneur de la chose louée. Le preneur a donc le droit de jouir en termes généraux et sans exception ; dans le silence du bail, le droit de chasse lui appartient (1).

(1) Laurent, *Droit civil*, t. XXV, n° 172.

M. Duranton admet également que le droit de chasse rentre dans l'utilité que peut procurer la chose louée ; le fermier a droit à toute cette utilité, il peut donc chasser. Mais il n'en exclut pas pour cela le propriétaire, c'est une question d'intention. Tout doit porter à penser, dit-il (1), surtout lorsqu'il s'agit d'une propriété d'une certaine étendue, et qui, notamment, renferme des bois et des landes, que le bailleur est censé s'être réservé, pour lui et les siens, la faculté de chasser, mais sans pour cela avoir nécessairement entendu l'interdire au fermier (2).

S'il accorde la faculté de chasser au fermier, c'est qu'il voit en elle un droit naturel que les lois n'ont limité qu'à raison du respect dû à la propriété, c'est-à-dire pour empêcher l'envahissement même momentané ; mais le fermier qui a le droit d'aller et de venir sur le fonds, n'apporte, en chassant, aucune violation à ce droit sous ce rapport.

C'est aussi sur cette idée que se base un troisième système, celui de Proudhon (3). Il distingue entre le cas où les terres comprises dans le bail à ferme consisteraient en bois, buissons ou terrains vagues et celui où le droit de chasse aurait été établi sur des fonds en culture.

(1) Duranton, *Dr. franç.*, t. IV, n° 286.

(2) Une proposition de loi a été déposée à la Chambre pour permettre, en l'absence d'une clause contraire, au fermier et à son fils habitant avec lui de chasser sur le terrain loué (6 juillet 1894 ; Proposition Lemire, *Doc. parlementaires*, Chambre, n° 784).

(3) Proudhon, *Domaine privé*, 1, 382.

Dans le premier cas il refuse le droit de chasse au fermier, attendu que ce droit n'aurait rien de commun ni avec les fruits du fonds baillé à ferme, ni avec la garantie de leur perception.

Dans le second il lui accorde, au contraire, le droit de chasse, parce qu'en le lui refusant, on le priverait d'une de ses garanties sur la perception des fruits de la terre amodiée, lesquels fruits pourraient être dévastés ou endommagés soit par le gibier, soit même par des chasses intempestivement exercées par le propriétaire.

Outre que ce dernier système est arbitraire, il semble que Duranton et Proudhon soient partis d'un principe faux, c'est de supposer que la chasse ne peut s'exercer qu'aux dépens du fermier, qu'elle est une cause incessante de dévastations pour les récoltes, qu'elle doit rentrer dans les attributs du fermier, car il est le plus intéressé à en faire un usage non abusif et prudent.

La chasse, au contraire, est très conciliable avec la conservation des fruits de la terre. Elle n'est ouverte qu'à des époques où le sol est dépouillé de ses récoltes ; ou, tout au moins, la plupart des récoltes sont dans un état tel que l'exercice modéré de la chasse ne cause pas un dommage appréciable.

Personne ne conteste, du reste, pour le fermier, le droit de détruire les animaux nuisibles, dans un intérêt de conservation pour ses récoltes ; cette faculté est écrite en toutes lettres dans la loi des 28-30 avril 1790 (art. 15), mais elle est bien différente du droit de chasse.

Enfin l'opinion générale est que le droit de chasse demeure au propriétaire tant qu'une convention spéciale ne l'attribue pas au locataire. Ce que le bail confère au fermier, c'est le droit de jouir de tous les droits utiles attachés à la possession de la chose, le droit de percevoir les fruits du sol ; or, le gibier que procure la chasse, quoiqu'il ait une certaine valeur, n'est cependant pas un fruit du fonds. Sa poursuite, dit Marcadé (1), n'est point une récolte de fruits, elle n'est point non plus un secours nécessaire pour l'exploitation des terres, elle n'est qu'un exercice d'agrément qui, comme toutes les choses d'agrément, fait partie, sans qu'il soit besoin de s'en expliquer, des réserves du propriétaire.

La jurisprudence est en ce sens, elle n'a pas varié depuis un grand nombre d'années (2).

En ce qui concerne le colon partiaire et le métayer, pas de discussion possible, l'article 5 de la loi du 10 juillet 1889 décide que : « les droits de chasse et de pêche restent au propriétaire. »

Est-il interdit au propriétaire qui a conservé le droit de chasse sur sa propriété, soit en vertu d'une clause expresse, soit par suite du silence même du bail, de pénétrer, pour l'exercice de son droit, sur les immeubles loués quand les

(1) Marcadé, *Code civil*, art. 1720.
(2) Cass., 4 juillet 1845. Sirey, 1845, 1, 774.

terres sont préparées ou chargées de récoltes? Et si le bailleur traverse les récoltes en chassant, commet-il la contravention prévue par les articles 471, n° 13, et 475, n° 9 du Code pénal?

La Cour de cassation, dans un arrêt du 9 mai 1884, a répondu affirmativement. « Attendu, dit-elle, que le propriétaire d'un bien rural par lui affermé ne peut avoir le droit de passer sur les champs préparés ou ensemencés qu'autant qu'il a stipulé ce droit dans le bail ; que ce droit de passage n'est pas une conséquence de la réserve du droit de chasse, casse. etc... (1) ».

Cette jurisprudence a été combattue avec raison par différents auteurs (2). On peut se demander, en effet, comment le propriétaire pourra exercer le droit de chasse qu'il s'est réservé, s'il n'a pas été convenu formellement dans le bail qu'il aurait la faculté de traverser les terres ensemencées ou préparées ; son droit serait singulièrement précaire.

Un terrain est préparé dès qu'il est labouré et hersé ; une prairie naturelle ou artificielle est en tout temps un terrain préparé et ensemencé, et une jurisprudence constante décide que le fait de passer dans une prairie appartenant à autrui constitue la contravention prévue par l'ar-

(1) Cass., 9 mai 1884. Sirey, 1886, 1, 89.
(2) M. Villey, note sous Cass., 9 mai 1884. Guillouard, *Louage*, n° 143.

ticle 471-13°, alors même que l'herbe étant récoltée, aucun dommage n'aurait été causé.

Il faut donc, pensons-nous, accorder au propriétaire le droit de passer sur les terrains chargés de récoltes ou préparés, même s'il en a affermé l'exploitation sans se réserver un droit de passage. Le propriétaire qui afferme sa terre n'en conserve pas moins le droit de propriété ; il aliène seulement la jouissance de sa chose, le droit d'en percevoir les fruits, mais il peut exercer son droit de propriété en tout ce qui n'est pas contraire aux droits du fermier. S'il diminuait de son fait la jouissance de ce dernier, il manquerait à une de ses obligations, celle de faire jouir paisiblement le preneur de la chose pendant la durée du bail (art. 1719 Civ.). Et il devrait indemniser le fermier des dommages qu'il a pu causer à ses récoltes en chassant. Mais l'article 471 est indépendant de cette idée de dommage.

Il arrivera, du reste, fréquemment que le chasseur passera sur les terrains considérés par la jurisprudence comme préparés et ensemencés sans causer aucun dommage. Qui pourrait soutenir, par exemple, que le fait de traverser à pied des herbages foulés tous les jours par des troupeaux diminue la jouissance du fermier? Ce dernier n'aura rien à lui reprocher car il ne fait qu'user de son droit.

Etant donné que le droit de chasse appartient au propriétaire, nous devons décider, sous peine de voir ce droit

— 45 —

anéanti, que le fermier ne peut pas mettre obstacle au passage du gibier et des chasseurs, notamment par l'établissement de grillages. C'est la solution donnée par un jugement du tribunal de Melun en date du 5 mars 1886 (1).

Dans l'espèce, le droit de chasse avait été réservé par une clause spéciale du bail, mais cette circonstance ne peut influer en rien. Il a été jugé que le fermier ne doit apporter aucun obstacle à la jouissance complète du droit de chasse ; et que, spécialement, il ne peut, dans le but de garantir ses récoltes des atteintes du gibier, établir autour des pièces louées des grillages qui feraient obstacle au passage du gibier et à la libre circulation des chasseurs. « Attendu, dit le jugement, que cette réserve expresse par le bailleur du droit de chasse pour en jouir par lui-même ou par autrui et comme bon lui semblerait, doit s'entendre dans ce sens que le réservataire a le droit de chasse sans qu'aucun obstacle puisse être apporté par le fermier à la jouissance complète de ce droit ; que cependant Rayer a fait enclore les terres par lui occupées au bord du chemin de Roissy à Ozouer-la-Ferrière et sur une longueur d'environ onze cents mètres, au moyen d'un grillage surmonté d'une ronce métallique, et dépassant la hauteur d'un mètre ; qu'il est incontestable que cette clôture fait réellement obstacle au passage du gibier et à la libre circulation des chasseurs, et qu'en l'établissant Rayer a contrevenu

(1) Melun, 5 mars 1886, Sirey, 1887, 2, 93.

aux dispositions du contrat intervenu entre son bailleur et lui ; attendu, il est vrai, que Rayer prétend que, s'il a établi un grillage, c'était pour protéger contre les lapins ses récoltes, qui étaient ravagées... ; mais attendu que, sous le prétexte de protéger ses récoltes contre l'invasion du gibier, Rayer ne saurait paralyser l'exercice du droit de chasse, tel qu'il a été réservé... ; qu'au cas de dégâts de lapins, la loi fournit à Rayer le moyen de se faire indemniser, et qu'il appartient à ce dernier d'en user s'il le juge ainsi ;— Par ces motifs ;... Dit que Rayer sera tenu d'enlever le grillage, etc... »

Le fait d'avoir pratiqué dans la clôture des portes battantes, permettant aux chasseurs de pénétrer sur les terrains affermés, ne nous paraît pas suffisant pour autoriser l'existence même de cette clôture, car elle empêche la libre circulation du gibier et par là même sa reproduction. Or, si j'ai entendu conserver mon droit de chasse, c'est dans l'espoir de trouver du gibier ; je n'ai pas accordé au fermier de la terre le droit de le faire disparaître.

C'est par suite de la même idée que nous sommes amenés à penser que le propriétaire, ou celui à qui il aura concédé son droit de chasse, pourra, malgré l'opposition du fermier, établir sur les terres affermées des appareils destinés à la répression du braconnage. Il pourra épiner pour empêcher les braconniers de lui enlever, à l'aide de filets, à la veille de l'ouverture de la chasse, tous les perdreaux qu'il a peut-être élevés à grands frais. Il pourra établir des poteaux pour piéger les oiseaux de proie. Le fermier n'ignore pas que, s'il a le droit d'exploiter le fonds, il ne peut pas empêcher le propriétaire de prendre les mesures conservatoires nécessaires pour l'exercice du droit de chasse. Deux droits existent concurremment sur une même chose, on l'oublie trop souvent, le droit du chasseur doit pouvoir s'exercer utilement comme le droit du fermier ; l'un ne doit pas exclure l'autre. Il est bien certain, du reste, que si quelque dommage est causé au fermier par la pose des épines ou des poteaux il lui sera dû des dommages-intérêts.

Le bail de chasse peut être fait par écrit ou verbalement, sauf dans ce dernier cas les difficultés de la preuve connue de droit commun.

Il peut être fait en la forme authentique ou sous signatures privées, et dans ce cas il doit être rédigé en autant d'originaux qu'il y a de parties au contrat. Le bail sous signatures privées qui ne remplirait pas cette condition serait nul, mais seulement à l'égard des contractants ; le tiers qui aurait chassé sur les terrains loués sans le consentement du locataire pourrait être valablement poursuivi (1).

Mais pour que le fermier d'une chasse puisse opposer

(1) Rouen, 8 février 1877, rapporté par M. Leblond, *Code de la chasse*, n° 26.

son bail à un délinquant qu'il poursuit pour chasse sur le terrain d'autrui, est-il nécessaire que le bail ait date certaine ? (Le bail sous signatures privées n'a date certaine que du jour où il a été enregistré, du jour de la mort d'une des parties ayant signé l'acte, ou du jour où sa substance a été constatée dans des actes dressés par des officiers publics.)

Si le délinquant ne prétend aucun droit sur le terrain affermé, il ne peut pas opposer au locataire de la chasse le défaut de date certaine du bail, car il n'est pas un tiers aux termes de l'article 1328 Civ. ; il suffit que l'existence du bail au moment du délit soit établie à son égard d'une manière quelconque.

Mais le locataire de la chasse ne pourra pas poursuivre la répression des faits de chasse commis sur le terrain affermé par un acquéreur ou locataire postérieur si son propre bail n'a pas date certaine. Cet acquéreur ou locataire postérieur est un tiers au sens de l'article 1328 Civ. et il peut opposer le défaut de date certaine (1).

De deux locataires successifs auxquels le bailleur aura concédé le même droit, c'est à celui dont le bail aura acquis date certaine qu'appartiendra le droit de chasse. Si les deux baux ont été enregistrés, on décide généralement que le droit de chasse appartient à celui qui a fait enregistrer son bail le premier.

(1) Cass., 16 juillet 1869, Sirey, 1870, 1, 93.

Pas de difficulté quand l'enregistrement a eu lieu à des dates différentes. Mais que décider si les baux portent une même date? En dehors de toute circonstance de fait permettant d'établir dans quel ordre les baux ont été enregistrés, on décide que la propriété doit appartenir à celui qui a pris possession le premier. L'autre locataire ne pourra que demander des dommages-intérêts au bailleur.

S'il s'agit de baux contractés pour une durée supérieure à dix-huit années, ils devront, en vertu de la loi du 23 mars 1855, être transcrits au bureau des hypothèques ; la préférence sera accordée à celui qui aura fait transcrire son bail le premier. Toutefois cette opinion est contestée par quelques auteurs.

Le concessionnaire du droit de chasse dont le titre serait primé par celui d'un autre plus diligent commettrait un délit de chasse malgré sa bonne foi. Il est vrai qu'une décision en ce sens de la Cour de cassation a été critiquée par M. Villey, professeur à la faculté de droit de Caen (1). Cet auteur se fonde sur l'interprétation littérale de l'article II de la loi du 3 mai 1844, argument que nous retrouverons un peu plus loin, et dit que celui qui a chassé en vertu d'un bail n'ayant pas date certaine antérieure à un autre bail, ou en vertu d'une cession expresse qui lui aurait été faite postérieurement à une autre, n'a pas chassé sur le terrain d'autrui sans le consentement

---

(1) Note sous Cass., 10 mai 1884, *J. Palais*, 1886, 1, 420.

du propriétaire. Le propriétaire n'avait pas le droit de lui céder le droit de chasse qu'il avait déjà aliéné, il a contrevenu à une obligation personnelle ; il y aura lieu à des réparations civiles, mais le second concessionnaire n'a pas commis de délit de chasse.

Le bail de chasse peut contenir toutes les modalités et réserves qu'il est permis d'introduire dans un contrat : une personne aura le droit de chasser le gros gibier, une autre le petit seulement ; l'un aura la chasse à courre, l'autre la chasse à tir ; le concessionnaire n'aura le droit de chasser qu'un certain nombre de fois par semaine, il n'aura droit qu'à un nombre déterminé de fusils, etc.

Le propriétaire cède au locataire du droit de chasse tous les droits qu'il pourrait exercer lui-même, notamment celui de poursuivre les délits de chasse commis sur son terrain. Comme lui, il doit avoir un droit de passage sur les champs préparés ou ensemencés, les articles 431 13° et 475 9° du Code pénal ne doivent pas lui être appliqués ; il n'y aura pas contravention de sa part quand il traversera ces terrains ; s'il commet un dommage, ce ne sera pas l'action pénale qui devra être exercée contre lui, mais une action en dommages-intérêts.

Cette opinion est très contestée, mais nous remarquons que ceux-là même qui sont le plus opposés à notre système disent : Il suffit que le procès-verbal constate un dommage bien caractérisé pour que la contravention existe (1). Cette

(1) M. Chenu, *Questions sur la chasse,* page 95.

subordination à l'idée de dommage nous semble tout à fait contraire aux articles 471 et 475 qui voient une contravention dans le passage sur un terrain préparé ou ensemencé, abstraction faite de tout dommage.

Le propriétaire qui a aliéné son droit de chasse sur ses terres sans réserve, commet-il le délit prévu par l'article 2 de la loi du 3 mai 1844 en chassant sur ces mêmes terres? Plusieurs arrêts se sont prononcés pour la négative (1). Il n'y a pas délit de chasse sur le terrain d'autrui, disent-ils, puisque le propriétaire a chassé sur ses propres immeubles. En matière pénale, tout devant être rigoureusement interprété, il n'est pas permis de donner une extension abusive aux termes si précis de la loi. Le propriétaire porte atteinte au droit d'autrui, mais c'est un dommage qu'il cause et non un délit qu'il commet ; il pourra bien, pour ce dommage, être cité devant les tribunaux civils, et la réparation qui sera demandée sera toute civile,

Un arrêt de la Cour de Colmar (2) a implicitement décidé le contraire, et c'est avec raison.

La loi de 1844 est une loi spéciale ; en se servant de ces expressions : « le terrain d'autrui, » elle n'a voulu parler que *secundum subjectam materiam*, dit M. De Neyremaud (3), c'est-à-dire n'envisager ce terrain que relati-

(1) Rouen, 7 mai 1881, Sirey, 1881, 2, 252 ; Paris, 12 février 1884, Sirey, 1884, 2, 95.

(2) Colmar, 1ᵉʳ octobre 1867, Sirey, 1868, 2, 249.

(3) *Questions sur la chasse*, page 284.

vement à la chasse qui en est un attribut essentiel. Lorsqu'elle parle du propriétaire, cela doit s'entendre du propriétaire investi du droit de chasse; celui à qui le droit de chasse appartient.

Le bailleur doit délivrer les lieux loués dans l'état où ils se trouvent lors de la conclusion du contrat, entretenir la chose en état de servir à l'usage pour lequel elle a été louée et faire jouir paisiblement le preneur pendant la durée du bail (art. 1722 et 1723 Civ.)

Ces principes sont applicables au bail de chasse.

Le bailleur ne pourrait pas modifier l'état des lieux au cours du bail, de manière à changer les conditions dans lesquelles la chasse peut s'exercer. Il est bien évident que, lorsque j'ai loué la chasse dans un bois, je n'ai pas entendu chasser en plaine, ce sont deux chasses absolument différentes ; le propriétaire ne pourrait donc pas défricher ce bois. Il n'aurait pas davantage le droit de faire dessécher un étang dont il a loué la chasse.

Les locataires pourraient faire résilier le bail et demander des dommages-intérêts.

Par application de ces principes, il a été jugé qu'un propriétaire ayant loué sa chasse sur ses propriétés ne pouvait faire détruire par le feu les fourrés d'herbes et d'épines d'une grande étendue dans lesquels se retiraient les lapins (1).

---

(1) Trib. civ., d'Abbeville. *Journal des chasseurs*, 22ᵉ année, 2ᵉ semestre, page 362.

La solution serait différente si le bailleur, par une clause expresse du bail, s'était réservé de faire de tels changements ; ou s'il s'agit de modifications d'une nature telle, qu'elles devaient être prévues lors de la conclusion du contrat. Le preneur ne pourrait pas se plaindre d'une coupe qui aurait été faite suivant l'usage des lieux ou l'aménagement de la forêt.

C'est, croyons-nous, à cette interdiction, faite au bailleur de changer l'état des lieux pendant la durée du bail, que se rattache la question de savoir si les œufs de fourmis appartiennent au locataire de la chasse ou au propriétaire du fonds. La question présente une grande importance pour les locataires de chasses à faisans, les œufs de fourmis formant l'élément principal de la nourriture des faisandeaux.

On a dit : les œufs de fourmis sont des choses n'ayant pas de maître, des *res nullius* qui deviennent la propriété du premier occupant.

La jurisprudence a repoussé ce système dans plusieurs arrêts (1). Elle voit dans les œufs de fourmis un engrais ; lorsqu'on prend une fourmilière, dit-elle, on enlève en même temps des détritus végétaux, des débris d'animaux faisant partie du sol ; et quand bien même on enlèverait purement et simplement des œufs de fourmis, il y

(1) Paris, 3 janvier 1866, Sirey, 1867, 2, 53 ; 30 nov. 1872, S. 1872, 2, 261 ; Trib. simple police l'Isle. Adam, 6 nov. 1891, S. 192, 2, 156.

aurait encore lieu d'appliquer l'article 144 du Code fores-
tier, ces larves formant par elles-mêmes un engrais.

Ce système est très critiqué et certains auteurs (1) pré-
fèrent attribuer la propriété des œufs de fourmis au propriétaire du fonds en vertu du principe de l'accession
(547 Civ.). La fourmilière est incorporée au sol et ne fait
qu'un avec lui. Les éléments qui le composent sont, par
suite, acquis au propriétaire du terrain, au même titre que
le seraient les rayons de miel déposés par des abeilles
sans maîtres dans le creux d'un arbre ou dans les inters-
tices d'un mur ; quiconque s'en emparerait serait passible
des peines portées contre le vol par le Code pénal et
s'exposerait en outre à une action civile en dommages-
intérêts.

Quelle qu'en soit la raison, il semble bien que les œufs
de fourmis appartiennent au propriétaire du fonds sur
lequel se trouvent les fourmilières ; mais ce propriétaire,
quand il n'y a pas de clause expresse dans le bail de
chasse, peut-il les enlever ou doit-il les laisser au locataire de la chasse ? Il doit assurément les abandonner au
locataire. « Quand on loue une chasse pour y tuer des
faisans et qu'on la paie en conséquence, dit M. Jullemier (2), c'est qu'on sait que le faisan s'y plaît. Laissez
faire, en sorte que le faisan n'y trouve plus sa vie, il émi-
grera. » S'il les enlève, l'état des lieux loués ne sera-t-il

(1) Lajoye, *Quelques questions de chasse*, 5e série, page 83.
(2) Jullemier, *Locations de chasse*, page 61.

pas modifié aussi bien que lorsque, dans une chasse à lapins, le propriétaire fait détruire par le feu les grandes herbes et les ronces ; ou quand, dans une chasse où se trouve du gros gibier, le propriétaire fait abattre les futaies ? Dans un cas comme dans l'autre, il manque un élément nécessaire à la subsistance du gibier pour lequel a été loué le terrain de chasse, élément qui existait lors de la signature du contrat.

Le bailleur doit enfin, conformément à l'article 1719 Civ., faire jouir le preneur pendant toute la durée du bail.

Et si, pendant ce temps, le locataire de la chasse vient à être privé par cas fortuit, en totalité ou en partie, de la jouissance de son droit, il pourra, en vertu de l'article 1722 Civ., demander suivant les circonstances une diminution du prix ou la résolution même du bail. Il faut du reste assimiler au cas fortuit le fait du prince, *vis cui resisti non potest*, disait Ulpien.

Les tribunaux ont dû faire l'application de cette règle après les événements malheureux de 1870-71. Le décret du 13 septembre 1870 avait prohibé la chasse sur toute l'étendue du territoire national. Il a été jugé que le locataire du droit de chasse, que ce décret avait privé de la jouissance de son droit pendant toute la durée de la campagne, était fondé à demander la résolution de son bail ou une diminution proportionnelle du prix (1) ; et cela

(1) Remiremont, 19 déc. 1872, Sirey, 1873, 2, 23 ; Douai, 20 décembre 1871, Dalloz, 1871, 3, 111.

quand bien même il se serait chargé des cas fortuits, une telle clause étant inapplicable dans l'espèce, car il est de principe, dit l'arrêt de Douai, que, quelque générale que soit la clause d'un bail à ferme qui charge le preneur des cas fortuits, cette clause doit être toujours présumée n'avoir prévu que ceux de ces cas fortuits qui altéreraient seulement les fruits de la chose louée, qu'on ne peut en étendre les effets à moins d'une stipulation expresse, aux événements de force majeure qui, affectant la substance même de cette chose, viendraient pour tout ou partie à la soustraire à la jouissance du preneur ;... et que le décret du 13 septembre 1870 n'est pas seulement venu apporter une gêne à l'exercice du droit de chasse loué au demandeur ; qu'il a momentanément suspendu, ou, en d'autres termes, supprimé ce droit lui-même.

De son côté, le locataire du droit de chasse est soumis à toutes les règles édictées par le Code civil pour le preneur à bail. Il doit user de la chose en bon père de famille ; il est notamment responsable des dommages causés au bailleur par le pullulement du gibier. Mais il a été jugé (1) que l'emploi d'engins prohibés n'est pas un abus de jouissance.

Il doit payer le prix du bail aux époques fixées dans le contrat. Ce prix peut du reste consister soit en argent, soit en nature, soit en prestations quelconques ; ce peut être

(1) Dunkerque, *La Loi*, 3o juin 1887.

une prestation en gibier, la charge de surveiller les terrains ou de poursuivre tous délits quelconques aux frais du cessionnaire de la chasse. Mais on ne pourrait pas considérer comme un prix la charge de faire surveiller simplement la chasse ; cette obligation incombe au preneur par la force même des choses.

Le bail de chasse prend fin quand il a été rédigé un écrit à l'arrivée du terme fixé dans l'acte ; s'il s'agit d'un bail verbal ou s'il n'a pas été fixé de terme, l'une des parties ne peut faire cesser le bail qu'en donnant congé à l'autre, en suivant le délai déterminé par l'usage des lieux.

Quelquefois le bail est fait pour une ou plusieurs années de chasse. Que faut-il entendre par là ? S'agit-il de périodes de 365 jours ou seulement d'années commençant à l'ouverture pour finir à la clôture de la chasse. M. Jullemier, dans son *Traité des locations de chasse* (1), donne à ce sujet un exemple montrant que cette question n'est pas exclusivement théorique :

« Le propriétaire d'un château cherchait à louer son domaine dont la chasse était le plus grand attrait. Depuis longtemps aucun amateur ne se présentait pour louer le château, il se contenta de louer la chasse fort cher, en insérant dans le bail cette clause formelle que, dans le cas où un locataire se présenterait pour le château, le bail de

(1) Page 69.

chasse serait résilié de plein droit quinze jours après une signification, mais qu'il serait tenu compte au locataire chasseur du temps pendant lequel, jusqu'à l'expiration de l'année courante, il serait tenu de la jouissance. La chasse a été ouverte le 1er septembre et fermée le 1er février ; le château est loué le 15 février, le propriétaire peut-il dire à son ancien locataire : Vous avez usé de l'intégralité de votre droit, aujourd'hui vous n'avez plus rien à espérer, je reprends ma chasse, mais vous me payerez la totalité du prix ? »

Cette prétention n'a pas été portée devant les tribunaux, mais M. Jullemier pense qu'elle aurait été repoussée. Après la clôture de la chasse, en effet, le locataire aura très probablement le droit de chasser les oiseaux d'eau et de passage et il pourra détruire les animaux nuisibles et malfaisants.

Nous admettons fort bien que l'année de chasse ne comprend pas seulement l'espace de temps qui s'écoule entre l'ouverture et la fermeture de la chasse, mais nous ne pensons pas qu'il soit exact de dire que l'année de chasse est une période de 365 jours commençant au jour de l'ouverture. Que fera, en effet, le locataire qui a donné congé ? Il se souciera peu de faire garder une chasse qui ne l'intéresse plus, de faire détruire les animaux nuisibles et les oiseaux de proie qui empêchent le repeuplement du gibier ; tandis que ce sera le plus grand soin du nouveau locataire.

Est-il admissible, d'autre part, qu'un locataire entré en jouissance le 15 septembre 1898, jour de l'ouverture de la chasse, puisse chasser en 1899 jusqu'au 15 septembre tandis que la chasse a été ouverte cette année-là le 25 août ? (Et cet différence entre les dates d'ouverture se rencontre assez souvent). Soyez persuadé qu'il ne ménagera pas le gibier, il fera battues sur battues et il sera impossible au propriétaire de louer sa chasse en 1899, tandis que le locataire aura en réalité profité de plus d'une saison de chasse.

Nous préférons admettre que, lorsqu'une chasse est louée pour une année de chasse, sans autre indication, il faut l'entendre de fermeture à fermeture ; de telle sorte que le locataire puisse prendre les mesures nécessaires pour s'assurer la plus grande quantité possible de gibier, pour préparer, pourrait-on dire, sa récolte.

Aux termes de l'article 1743 Civ. la vente d'un immeuble loué résout le contrat de louage, à moins que le bail ne soit authentique ou ait acquis date certaine antérieurement à l'aliénation et encore lorsque le bailleur s'est réservé, par le contrat de bail, le droit d'expulser le fermier. Cette règle est-elle applicable aux locations de chasse ?

Non, dit-on, car le locataire n'est qu'un créancier de jouissance, il n'a pas un *jus ad rem*; en principe, le droit de l'acheteur doit primer le sien. L'article 1743 déroge au droit commun, il convient donc d'en limiter l'application aux deux cas qu'il prévoit expressément : bail d'une maison, bail d'un bien rural. Dès lors, l'acquéreur d'un immeuble dont la chasse a été louée antérieurement peut évincer le locataire, alors même que le bail aurait été dressé en la forme authentique ou aurait acquis date certaine avant l'aliénation (1). Mais, à moins de stipulation expresse, le locataire aura droit à des dommages-intérêts.

Cette opinion se fonde sur une doctrine que nous avons déjà réfutée, d'après laquelle le bail de chasse ne serait pas un véritable bail, mais simplement un contrat constitutif d'un droit de créance, et nous préférons appliquer, avec la Cour de cassation (2), les principes généraux admis en matière de louage. L'acquéreur d'un fonds est obligé de respecter le bail de la chasse comme il serait tenu de respecter tout autre bail total ou partiel de la propriété qu'il acquiert.

La Cour de cassation a fait l'application de ce système dans un cas spécial qui a donné lieu à de nombreuses discussions :

Dans l'acte de vente d'un immeuble, les vendeurs s'étaient réservé le droit exclusif de chasse pendant cinquante ans pour l'exercer soit par eux-mêmes, soit en le transmettant à autrui. Quel acte pouvait-on voir dans cette convention ?

On ne pouvait pas y voir autre chose, a-t-on dit (3),

(1) Douai, 10 février 1890, Sirey, 1892, 2, 113.
(2) Cass., 10 janvier 1893, Dalloz, 1893, 1, 161.
(3) M. Planiol, note sous Cass., 10 janvier 1893, Dalloz, 1893, 1, 161.

qu'une sorte de commodat ou concession gratuite d'un droit temporaire de jouissance sur un immeuble. Il n'y avait pas bail car le vendeur s'était réservé, en aliénant l'immeuble, la jouissance gratuite du droit de chasse pendant cinquante ans. Or, il n'y a pas de louage sans loyer pas plus qu'il n'y a de vente sans prix.

Dans cette convention, il n'y avait eu ni constitution de servitude foncière, faute de fonds dominant, ni constitution de droit réel d'usage, à titre de servitude personnelle, puisqu'on assurait à cette jouissance une durée fixe indépendante de la vie de son bénéficiaire et que celui-ci se réservait le droit de la céder.

La Cour de cassation, au contraire, a trouvé là tous les éléments d'un bail. Le vendeur qui s'était réservé le droit de chasse avait assurément, en considération même de cette réserve, consenti une diminution du prix de vente ; cette diminution constituait bien le loyer. Le bail est toujours temporaire, or, le droit de chasse était réservé seulement pour une durée de cinquante années. C'est donc avec raison, croyons-nous, que la Cour a pu appliquer dans ce cas l'art. 1743 Civ. obligeant tous les acquéreurs du terrain à respecter la Convention.

Permissions de chasse.

Le bail de chasse fait sans réserve enlève au bailleur lui-même le droit de chasse sur ses propriétés, et trans-

fère au locataire un droit exclusif et généralement irré-
vocable pendant toute sa durée. Le bailleur est dessaisi
de son droit de telle façon que le locataire peut en
opérer la transmission par cession : aux termes de l'article 1717 Civ., le preneur a le droit de sous-louer et
même de céder son bail à un autre si cette faculté ne
lui a pas été interdite.

Tout en conservant son droit, le propriétaire peut
autoriser certaines personnes à chasser sur ses terres, il
peut accorder des permissions.

A la différence de la location, la permission laisse au
propriétaire le droit de chasser lui-même, elle revêt un
caractère personnel, elle est révocable à volonté ; il n'est
besoin d'invoquer aucun motif, le propriétaire est tenu
seulement de signifier le retrait de l'autorisation. Le per-
missionnaire ne peut pas, comme le locataire, accorder
lui-même à des tiers des permissions, son droit est inces-
sible.

Tandis que le locataire a qualité pour poursuivre la
répression des délits de chasse, le bénéficiaire d'une permission n'est pas qualifié pour traduire en justice les
délinquants.

Son droit sera sans aucun doute révoqué par la vente
du domaine sur lequel il chasse en vertu de sa permission, ou par la location du droit de chasse.

L'autorisation de chasser peut, du reste, être donnée en
une forme quelconque, verbalement ou par écrit, elle

peut être exprese ou tacite. Elle sera donnée par toutes les personnes ayant la disposition du droit de chasse ; pour les incapables par leur représentant légal.

Les permissions qu'accorde le propriétaire dessaisi de son droit sont nulles ; et le bénéficiaire d'une semblable permission s'exposerait, en chassant, à des poursuites correctionnelles malgré sa bonne foi (1).

Cependant il a été jugé que le chasseur devait être acquitté, dans une espèce où il était établi que le concessionnaire du droit de chasse avait, par artifice, laissé ignorer son bail et l'avait fait enregistrer seulement la veille du fait de chasse poursuivi, à un bureau d'enregistrement autre que celui de son domicile et de la situation des terres affermées (2).

(1) Cass., 10 mai 1884. *Journ. Pal.*, 1886, 1, 420.
(2) Trib. corr. de Mortagne, 1er juillet 1874. *J. min., public,* 1874, p. 185 : *Rec. des arrêts Caen et Rouen,* 1875, 1, 195.

SOCIÉTÉS DE CHASSE

Très fréquemment plusieurs particuliers se réunissent pour chasser en commun sur leurs terres ou pour louer une chasse ; peuvent-ils constituer une véritable société civile ? La Cour de cassation, dans un arrêt du 18 novembre 1865 (1), a répondu affirmativement :

« Attendu, dit-elle, qu'il appert des statuts de la société des chasseurs de Saint-Valéry-sur-Somme, tels qu'ils ont été retenus par l'arrêt attaqué, que cette société s'est formée pour la mise en commun et l'exploitation entre les divers coparticipants, du droit de chasse leur appartenant, soit comme propriétaires des terres, soit comme fermiers de la chasse sur les terres à eux louées à cet effet, et ce, sous certaines conditions concernant l'apport et la mise de fonds de chacun d'eux ainsi que l'étendue et le mode de jouissance leur revenant ; qu'une pareille société.... rentre dans les prescriptions des articles 1832, 1833 et 1834 C. Napol., et constitue une société civile,

(1) Sirey, 1866, 1, 415, Dalloz, 1866, 1, 455.

société dans laquelle se rencontre, ainsi qu'il vient d'être dit, et la mise en commun d'une chose quelconque, c'est-à-dire le droit de chasse sur un nombre déterminé d'hectares, et la cotisation annuelle de chaque associé, et le bénéfice, c'est-à-dire la part attribuée à chacun dans la jouissance de la part sociale... »

Cette opinion est très vivement contestée ; tout le monde admet qu'il y a mise d'une chose en commun, mais de nombreux auteurs se refusent à voir un bénéfice au sens étroit de ce mot. « On entend par bénéfice un accroissement de fortune, des gains en argent (1). »

Or, le bénéfice entendu dans ce sens est une des conditions essentielles pour qu'il y ait société. Il faut que les parties aient pour but de réaliser des bénéfices à partager entre elles à l'aide d'opérations faites avec ou sur le fonds commun.

« Pour qu'il y ait société, dit M. Laurent (2), il faut, aux termes de l'article 1832, que la convention de mettre une chose en commun se fasse « dans la vue de partager le bénéfice qui pourra en résulter. » En quoi doit consister le bénéfice ? La notion de bénéfice implique l'idée d'un profit pécuniaire qui enrichit les associés. C'est pour augmenter sa fortune que l'on s'associe. Voilà pourquoi les sociétés d'agrément ne sont pas des sociétés. »

L'association créée en vue de la chasse n'a ni pour but

(1) Lyon-Caen et Renault, *Précis de Dr. Commercial* n° 260.
(2) Laurent, *Dr. civil*, t. XXVI, n° 150.

ni pour résultat de procurer aux membres de l'association un avantage pécuniaire. Le produit de la chasse ne peut pas représenter un bénéfice, car il est notoire que dans les entreprises de ce genre les dépenses dépassent de beaucoup les profits. Les associés recherchent la satisfaction de leurs goûts et non pas un bénéfice.

La jurisprudence a du reste, dans ces dernières années, refusé de voir dans les sociétés de chasse des sociétés au sens juridique de ce mot.

C'est d'abord un jugement du tribunal civil de la Seine du 22 décembre 1889 (1) qui dit dans ses considérants : « Attendu que, s'il est difficile de voir une société civile dans une simple association de chasse formée uniquement dans un but de délassement ou de distraction et si on ne peut la considérer que comme un ensemble d'individus se réunissant avec l'assentiment ou la tolérance de l'administration dans un but spécial et d'intérêt privé... » Puis un jugement du tribunal civil de la Seine du 13 janvier 1895 (2) qui voit dans une société de chasse non pas une société juridiquement constituée, mais une association amicale en vue d'un plaisir à prendre en commun.

On discute sur le point de savoir si les sociétés civiles régulièrement constituées forment des personnes morales ; mais il est incontesté que les associations n'ayant pas le lucre pour but n'ont pas de personnalité civile. Une asso-

(1) *Revue des sociétés*, 1890, page 141.
(2) *Revue des sociétés*, 1895, page 433.

-ciation de ce genre ne jouit en principe de la personnalité qu'autant qu'elle a été reconnue d'utilité publique par un décret rendu sur l'avis du Conseil d'Etat (1).

Mais si les sociétés d'agrément ne peuvent devenir ni propriétaires, ni créancières, ni débitrices, les membres de ces sociétés peuvent contracter individuellement, acquérir, s'obliger, devenir créanciers. Comme dans toute indivision il y aura lieu à des règlements de compte entre les membres de la société, et, si ces règlements ne peuvent pas se faire à l'amiable, ils pourront être portés en justice, soit pendant la durée de l'association, soit lors de sa dissolution.

Les sociétés de chasse n'ayant pas de personnalité distincte des membres de la société, ne pourront pas agir en justice. Ceux qui ont parlé au contrat seuls ont le droit d'agir et en leur nom personnel.

Toutefois il faut reconnaître qu'aucune disposition de la loi n'interdit aux membres d'une société de chasse de charger dans leurs statuts l'un d'eux ou les membres du bureau de les représenter en justice, sans indication du nom des sociétaires, dans toutes les affaires qui peuvent les intéresser, soit en demandant, soit en défendant ; car l'ancienne maxime que « nul en France ne plaide par procureur » n'est pas d'ordre public. C'est ainsi que le jugement du tribunal de la Seine, du 22 décembre 1889

(1) M. Lyon-Caen, note sous cass., 25 mai 1887, Sirey, 1888, 1, 161.

précité, a pu décider que le trésorier d'une association de chasse, dont la délégation résulte des statuts, peut valablement poursuivre en justice le recouvrement des cotisations dues par les sociétaires.

La société de chasse est avant tout une association contractée en considération des personnes; « les raisons déterminantes d'une pareille convention, dit un arrêt de la Cour de Dijon (1), sont tirées de la situation personnelle et des qualités particulières de celui qui est admis à participer au droit de chasse, par exemple de son habileté plus ou moins consommée comme chasseur, de l'usage plus ou moins fréquent qu'il fera de son droit, de ses rapports de société avec les autres participants, enfin de toutes les circonstances analogues sans lesquelles les parties ne se seraient pas unies dans une communauté aussi étroite ». Aussi faut-il appliquer, au moins par identité de motifs, l'article 1861, Civ. qui interdit d'introduire dans la société une tierce personne sans le consentement des autres associés; une des parties ne peut céder son droit à un tiers sans le consentement de ses coassociés.

Mais il ne faudrait pas considérer le bail consenti à une société de chasse comme fait *intuitu personæ*, de telle sorte que les locataires ne pourraient céder leur droit qu'avec l'assentiment du bailleur. Il faudrait pour cela une clause expresse dans le contrat de bail. On compren-

(1) Dijon, 28 juin 1875, Sirey, 1877. 1, 6.

drait qu'un bail consenti à un seul locataire soit fait en considération de la personne plutôt que celui qui intéresse une réunion de chasseurs, une collectivité d'individus, et cependant jamais une telle opinion n'a été soutenue. L'article 1717 Civ. donne au contraire au preneur le droit de sous-louer si cette faculté ne lui a pas été interdite.

Comme toute autre société, la société de chasse se dissout de plein droit à l'expiration du temps fixé lorsque sa durée a été déterminée dans le contrat. La dissolution peut également être demandée, conformément à l'article 1871 Civ., avant le terme convenu, par un des associés qui a de justes motifs, par exemple lorsqu'il existe une mésintelligence grave entre les associés ; les tribunaux apprécieront du reste souverainement s'il y a cause légitime de dissolution.

CHASSE SUR LES DOMAINES DE L'ÉTAT,

DES

COMMUNES ET DES ÉTABLISSEMENTS PUBLICS.

Nous avons examiné dans les chapitres précédents les règles auxquelles est soumis l'exercice du droit de chasse sur les propriétés des particuliers ; quelques questions sont spéciales ou se rattachent plus intimement à l'exercice de ce droit sur les biens des non particuliers, c'est-à-dire sur les biens appartenant aux diverses personnes morales du droit public, l'Etat, les départements, les communes et les établissements publics (1).

Il faut distinguer entre le domaine privé et le domaine public, l'un est prescriptible et aliénable, l'autre ne peut être ni aliéné, ni prescrit ; mais sauf quelques différences de détail, les difficultés sont les mêmes dans chacune de ces catégories, qu'il s'agisse du domaine de telle personne morale ou de telle autre, de l'Etat ou de la commune.

(1) Les départements n'ayant guère de propriétés autres que les routes susceptibles de donner lieu à l'exercice d'un droit de chasse, nous n'en ferons pas l'objet d'un paragraphe spécial.

Domaine de l'Etat.

Le domaine public de l'Etat est l'ensemble des choses affectées à l'usage du public, comme les routes nationales, les fleuves et rivières navigables ou flottables, les rivages de la mer, etc. ; les autres biens du domaine national composent le domaine privé de l'Etat ; ce sont, par exemple, les lais et relais de la mer, les fortifications et remparts des places qui ne sont plus places de guerre, les routes ou portions de routes délaissées, les bois et forêts de l'Etat, les fermes et domaines ruraux, etc.

L'Etat est incontestablement propriétaire de cette dernière catégorie de biens, il peut en disposer comme le ferait un particulier, les vendre, les donner à bail. Comme tout propriétaire foncier, il peut disposer du droit de chasse sur son domaine privé ; la location aura lieu du reste dans des formes et sous des conditions particulières déterminées par le cahier des charges, elle se fera toujours par adjudication. (Ordonnance du 20 juin 1845, art. 1er).

L'Etat étant, en ce qui concerne son domaine privé, assimilé à un propriétaire ordinaire, le jugement des contestations pouvant survenir à l'occasion des baux de chasse appartient non pas aux tribunaux administratifs mais aux tribunaux de l'ordre judiciaire.

La jurisprudence a fait différentes applications de ce principe :

Le tribunal des conflits, par un arrêt du 21 mars 1891, a décidé qu'il appartenait aux tribunaux judiciaires de déterminer l'indemnité due à un adjudicataire troublé par certains travaux faisant fuir le gibier.

Un arrêt du 29 novembre 1884 a décidé qu'un adjudicataire troublé par des exercices militaires devait s'adresser aux tribunaux civils pour obtenir une indemnité. Le ministre de la guerre soutenait, en cette occasion, que c'était à lui de statuer.

Enfin, le Conseil d'Etat (1) a décidé que le bail du droit de chasse dans une forêt domaniale n'a pas le caractère d'un acte administratif, et que c'est à l'autorité judiciaire d'interpréter le cahier des charges du bail pour déterminer les droits et les obligations respectives de l'Etat et du locataire de la chasse.

S'il n'est pas douteux que l'Etat puisse aliéner le droit de chasse sur son domaine privé, de nombreuses difficultés se présentent quand il s'agit du domaine public.

En principe, dit-on (2), la chasse est permise à toute personne (à condition de se conformer aux lois et de respecter les règlements de police édictés par l'autorité compétente), sur les biens du domaine public. L'Etat ne peut accorder aucune permission de chasse particulière sur les biens qui le composent, ni affermer la chasse de ces biens,

(1) Conseil d'Etat, 13 juin 1890, *J. Palais*, 1892, 3, 112.
(2) *Répertoire général du droit. Chasse*, n° 179.

chasseur, muni d'un permis de chasse, peut, sans avoir besoin d'une autorisation spéciale, chasser sur les routes nationales, pendant le temps où la chasse est ouverte, à la condition de ne pas gêner la circulation et de n'entraver en rien le service des ponts et chaussées. Les routes nationales ont été rangées par l'article 538 Civ. dans le domaine public de l'Etat, et aucune parcelle de ce domaine ne peut être concédée à un particulier, à quelque titre que ce soit, pour son avantage personnel et exclusif. Les routes sont établies dans l'intérêt et pour la commodité de tous; chacun est en droit de s'en servir, dans toutes les circonstances où elles peuvent lui être utiles; or, s'il est incontestable que leur usage est d'être employées à la circulation, il n'en est pas moins vrai de dire qu'elles peuvent, accidentellement, être de quelque utilité pour la chasse, sans quoi la question ne se poserait pas (1).

D'autres, au contraire, soutiennent que le droit de chasse appartient aux propriétaires qui ont le droit de chasser dans les bois ou dans la plaine que traverse ou que borde le chemin public. Si le chemin traverse le bois ou la plaine appartenant au chasseur, ou dont il a loué la chasse, ce chasseur seul a le droit de chasser sur le chemin. Et il n'y a pas besoin du tout d'une concession spéciale au chasseur qui loue la forêt dans laquelle il

(1) En ce sens un jugement du tribunal de Charolles, 4 janvier 1862, rapporté dans Villequez, *Droit du chasseur sur le gibier*, page 9.

chasse, ni de s'attacher même à l'idée d'une location tacite du droit de chasse sur le chemin lui-même qui la traverse.

« Il faut dire, ajoute M. Villequez (1), que le droit de chasse, concédé dans une forêt, ou appartenant à son propriétaire, s'étend forcément sur les chemins qui la traversent, non pas seulement parce qu'il ne pourrait être exercé, sans cela, dans toute la forêt, mais parce que ces chemins en font réellement partie, quoique à cause de leur usage public, qui nécessite des précautions, un entretien et une garde spéciale, ils relèvent du domaine public. Ne font-ils pas partie intégrante de la forêt, de son sol, puisqu'ils existent dessus?... Si vous y tirez, vous chassez donc dans la forêt où vous n'avez aucun droit, vous commettez, par conséquent, un délit de chasse. »

Il arrive assez fréquemment que deux propriétés voisines, deux bois soient séparés par un chemin public, chacun des propriétaires riverains ou de ses ayants droit pourra tirer le gibier venant du bois dont il a la chasse sur toute la largeur du chemin. Le chemin fait en effet partie du domaine public, il n'est pas plus à l'un qu'à l'autre, son usage est commun à tous.

Si la chasse est banale sur l'une des propriétés riveraines, tout chasseur muni d'un permis peut, quand la chasse est ouverte, tirer sur ce chemin.

(1) Villequez, *Op. cit.*, p. 227.

Cette doctrine nous paraît la plus équitable ; elle se rapproche beaucoup, dans son résultat du moins, du système adopté par la loi belge sur la chasse du 18 février 1882. Cette loi, en effet, interdit de chasser sur les chemins publics à tout autre qu'aux propriétaires riverains ou à leurs ayants droit.

Il serait souhaitable que le législateur français tranchât d'une façon analogue une question si difficile et si intéressante pour les chasseurs. Mais dans l'état actuel de notre législation, cette solution doit être rejetée, elle repose sur un principe qui n'est nullement juridique, à savoir que la route qui traverse une forêt fait partie de cette forêt.

La Cour de Dijon cependant, dans un arrêt du 29 janvier 1862 (1), réformant le jugement du tribunal de Charolles précité, a admis ce système : « Considérant, dit-elle, que soit que le lièvre ait été tiré au moment où il sortait du bois de Boulay, soit qu'il ait été tiré sur le chemin même qui traverse ce bois, cet acte n'en constitue pas moins, de la part de Letiévant, un fait de chasse commis dans le bois de Boulay, dont la chasse ne lui appartient point ; qu'ainsi il s'est rendu coupable d'un délit de chasse, commis sur le terrain d'autrui, prévu par l'article 11 de la loi du 3 mai 1844, et que c'est à tort que les premiers juges l'ont renvoyé de la poursuite dirigée contre lui. »

(1) Villequez, *Dr. du chasseur sur le gibier*, page 13.

Lorsque l'Etat loue le droit de chasse sur un terrain faisant partie de son domaine privé, dans une forêt par exemple, il a, selon nous, le droit de donner en même temps au locataire le droit de chasser sur la route nationale qui la traverse. Très souvent une clause spéciale sera insérée dans le contrat et ce sera le plus prudent. Mais, quand bien même le bail serait muet sur ce point, le droit de chasse sur le chemin devrait être réservé au locataire.

Il est inadmissible, et ce serait contraire aux règles mêmes du louage, qu'un bailleur puisse céder un droit sur sa propriété, et en même temps autoriser les tiers à venir troubler le locataire, à tel point que la jouissance soit considérablement diminuée, en se plaçant sur un terrain dont il peut disposer, et qui ne semble pas le moins du monde par lui-même destiné à l'exercice du droit de chasse.

La solution serait absolument la même s'il s'agissait d'un bois communal traversé par un chemin vicinal ; tous deux font partie du domaine de la commune, et le droit de chasse concédé expressément dans le bois nous paraît devoir emporter tacitement le droit d'empêcher les tiers de venir le troubler dans sa jouissance.

Mais la situation est toute différente si la propriété que traverse la route nationale est non plus un domaine de l'Etat, mais une propriété appartenant à une commune, à un établissement public, à un particulier. Chacune de ces personnes n'a plus aucun droit à exercer sur la route nationale ; la forêt appartient à un propriétaire, le chemin à un autre ; celui qui donne à bail la chasse dans la forêt ne peut concéder aucun droit sur le chemin qui reste tout entier à la disposition de tous. Et c'est avec raison que la Cour de Bourges a décidé récemment qu'une personne munie d'un permis de chasse ne commet pas de délit en faisant acte de chasse sur un chemin public traversant une propriété privée (1).

Le seul remède se trouve actuellement dans le droit qu'ont les préfets et les maires (art. 98 et 99 loi du 5 avril 1884) d'interdire à toutes personnes autres que les riverains de tirer une pièce de gibier sur un chemin public pour en assurer la sécurité. C'est une mesure d'ordre public et non pas une réglementation du droit de chasse ; l'infraction à un arrêté de cette nature ne constituerait pas un délit, mais une simple contravention.

Toutefois, pour qu'un chasseur puisse tirer sur un gibier sans commettre un délit de chasse, il faut qu'il n'ait fait aucun acte de nature à faire sortir le gibier de la propriété où il n'a pas le droit de chasse. Si, posté sur la route, à un passage, il envoyait son chien quêter dans le bois et s'il tirait le lièvre lancé ou seulement dérangé par son chien il commettrait un délit de chasse sur le terrain d'autrui, car il chasserait non plus seulement sur la route mais dans le bois voisin.

(1) 23 février 1898, Dalloz, 1899, 2, 30.

Au contraire, il ne pourrait pas être poursuivi correctionnellement pour avoir tiré le lièvre que les chiens du locataire de la chasse auraient amené sur la route. Si cependant l'animal était sur ses fins, au moment où il arrive sur le chemin public, le chasseur étranger ne pourrait pas s'en emparer sans commettre un vol ; car ce n'est plus une *res nullius,* mais la propriété de celui qui le poursuit.

Les chemins forestiers ou de desserte servant à l'exploitation des coupes ne font pas partie du domaine public, aussi ne soulèvent-ils pas de difficulté ; le droit de chasse appartient exclusivement au locataire.

Domaine des communes.

Le domaine de la commune comme celui de l'Etat comprend un domaine public et un domaine privé, avec toutes les différences fondamentales que nous avons rencontrées pour le domaine de l'Etat, notamment l'inaliénabilité et l'imprescriptibilité de l'un, la libre disposition de l'autre.

Dans son domaine public rentrent les chemins vicinaux et les chemins ruraux ; les bois, prairies, landes sont dans son domaine privé.

Le domaine public de la commune donne naissance à toutes les difficultés que le domaine public de l'Etat a soulevées, elles sont résolues dans le même sens. Les uns vont jusqu'à refuser à la commune la faculté d'accorder, même par une clause expresse, à un adjudicataire de chasse dans les bois.

communaux le droit exclusif de chasser sur les chemins vicinaux qui les traversent ; les autres, au contraire, réservent toujours le droit de chasse aux riverains quels qu'ils soient, même simples particuliers.

Le droit de chasse sur les biens faisant partie du domaine privé peut, au contraire, incontestablement faire l'objet d'un bail, à condition d'observer les lois et règlements.

Le conseil municipal règle souverainement les conditions de ce bail quand sa durée ne dépasse pas 18 ans.

Pour les baux d'une durée supérieure la délibération doit être approuvée par le préfet en conseil de préfecture.

Ordinairement il est dressé un cahier des charges suivant lequel il est procédé à une adjudication publique, mais le bail peut être consenti à l'amiable à une personne déterminée. Il pourrait même être donné des permissions gratuites, mais ce serait faire acte de mauvaise administration, que de les accorder sans avoir au préalable tenté de les donner à bail. Les principes généraux qui régissent l'administration des biens appartenant aux établissements publics défendent à ceux-ci tout acte de libéralité, et par conséquent les communes ne doivent pas être admises à concéder gratuitement à des particuliers le droit de chasser dans les bois dont elles sont propriétaires, alors que la location de ce droit, soit à l'amiable, soit par voie d'adjudication, peut devenir pour elles une source parfois importante de revenus. (*Bulletin officiel,* min. intér., 1857, page 259).

Propriétés des établissements publics.

Les établissements publics, hospices, hôpitaux, bureaux de bienfaisance, etc., possèdent très souvent des immeubles, il ne leur est imposé aucun mode de gestion spécial, mais c'est pour eux une règle de bonne administration que de donner à bail les biens dont ils ne peuvent jouir directement ou les droits inhérents à la propriété de ces biens comme le droit de chasse.

Le bail se fait en principe par adjudication, le cahier des charges est dressé par la Commission administrative, le bureau de bienfaisance ou le bureau d'administration, selon la nature de l'établissement ; il est soumis à l'approbation du préfet (Décret du 12 août 1807, art. 2); mais cette disposition du décret de 1807 n'a pour but que d'établir des garanties dans l'intérêt de ces établissements ; un bail passé à l'amiable serait valable.

DROIT DU CHASSEUR SUR LE GIBIER

Ce qu'on entend par « gibier ». La loi n'a pas défini ce qu'il fallait entendre par gibier. Dans son sens propre, ce mot ne s'applique qu'aux animaux susceptibles d'être mangés, il vient en effet du latin *cibaria*, aliments, ou *cibus*, nourriture. Et Merlin dit dans son répertoire de jurisprudence : « On appelle gibier les animaux que l'on prend à la chasse et dont la chair est bonne à manger ».

C'est en ce sens qu'est pris le mot quand la loi s'occupe de la vente et du colportage du gibier.

Mais cette définition est beaucoup trop étroite dans tous les autres cas ; le gibier comprend tous les animaux qui font communément l'objet de la recherche et de la poursuite des chasseurs.

« Ainsi, dit Petit (1), bien que l'on ne puisse considérer comme gibier que les quadrupèdes destinés à être mangés, il ne faut pas moins tenir comme évident que ce n'est pas seulement la poursuite de ces animaux qui constitue un

(1) Petit, *Traité complet du droit de chasse*, page 2.

ait de chasse, mais bien la poursuite de toutes les espèces qui ont pour objet la chasse ».

Tout le monde admet du reste que le gibier ne comprend que les animaux sauvages ; les animaux domestiques ne peuvent pas rentrer dans cette dénomination pas plus que les animaux sauvages de leur nature, qui ont été apprivoisés. Il a été jugé que si le faisan, par exemple, est un animal sauvage de sa nature et par suite un gibier, il perd essentiellement cette qualité quand il est élevé dans une volière ou basse-cour (1). De même on ne peut pas considérer comme sauvages les canards dits appelants, destinés à appeler par leurs cris leurs congénères sauvages (2).

Si toutefois ces animaux, s'étant échappés, avaient abandonné sans esprit de retour leur volière, leur parc, s'ils avaient repris leur liberté naturelle, ils pourraient de nouveau faire l'objet de poursuites et de véritables actes de chasse.

Pour qu'un animal sauvage puisse être compris dans la catégorie du gibier, il faut en outre, dit M. Chenu (3), et avec raison, qu'il s'agisse d'un mammifère ou d'un oiseau. Celui qui tue un poisson avec un fusil fait acte de pêche, de même que le pêcheur qui prend dans ses filets

(1) Fontainebleau, 30 septembre 1859, *Gazette des tribunaux*, 9 octobre 1859.

(2) Tribunal de paix, Reims, 18 mars 1893. *La Loi*, 27 mars 1893.

(3) Chenu, *Chasse et procès*, n° 21.

une poule d'eau pourrait être poursuivi pour délit de chasse.

Acquisition du gibier.

La loi de 1844 s'occupe exclusivement de la police de la chasse, elle ne dit rien des modes d'acquérir la propriété du gibier ; le Code civil lui-même est muet sur ce sujet ; il faut donc s'en référer aux principes généraux du droit naturel.

Les auteurs reconnaissent presque unanimement que le gibier est *res nullius*, il n'appartient à personne.

C'était déjà le principe admis en droit romain. Justinien met les animaux qui sont *in laxitate naturali* en première ligne dans l'énumération des choses qui peuvent s'acquérir par occupation. (1) *Feræ igitur bestiæ et volucres et pisces, id est omnia animalia, quæ in terra mari cœlo nascuntur, simulatque ab aliquo capta fuerint jure gentium statim illius esse incipiunt ; quod enim ante nullius est, in naturali ratione occupanti conceditur.*

Quelques juristes dans l'ancien droit en étaient arrivés, par suite d'une conception exagérée de la puissance royale, à déclarer que les bêtes sauvages étaient de la seigneurie du prince, que celui-ci pouvait assimiler à un vol la prise qui en serait faite par des personnes non autorisées de lui, et que la défense de chasser émanant de

______

(1) *Instit.*, l. II, t. Iᵉʳ, § 12.

l'autorité souveraine empêchait la propriété de ce qui était pris à la chasse au mépris de cette défense de passer en la possession du chasseur (1).

Mais ce n'était pas l'opinion générale, et Pothier, à la fin du siècle dernier, considérait les animaux sauvages, *feræ naturæ*, comme étant restés dans l'ancien état de communauté négative. « Toutes les choses qui sont demeurées dans l'ancien état de communauté négative, disait-il, sont appelées *res communes*, par rapport au droit de chacun de s'en emparer. Elles sont aussi appelées *res nullius*, parce qu'aucun n'en a la propriété tant qu'elles demeurent en cet état, et ne peut l'acquérir qu'en s'en emparant. »

Depuis la rédaction du Code civil il s'est trouvé peu de personnes pour contester cette doctrine. Cependant M. Boulen (2) a soutenu que le gibier appartenait au propriétaire du fonds. Il se fondait sur le système de l'ancien droit, d'après lequel le droit de chasse était un droit régalien et que nul ne pouvait, sans autorisation du roi, s'approprier le gibier tué à la chasse, et sur l'idée inexacte que l'occupation n'existe plus comme mode d'acquérir.

Il semble en effet résulter des articles 539 et 713 Civ. qu'il n'existe plus de *res nullius* susceptibles d'occupation. Ces articles attribuent à l'Etat la propriété des biens qui

(1) De Launay, *Nouveau traité du droit de chasse*, page 107.

(2) Boulen, *Le droit de chasse et la propriété du gibier en France*, page 289 et s.

n'ont pas d'autre maître. Le premier s'exprime en ces termes : « Tous les biens vacants et sans maîtres... appartiennent au domaine public. » Le second est ainsi conçu : « Les biens qui n'ont pas de maître appartiennent à l'Etat. »

Mais ces articles n'ont été écrits qu'en vue des immeubles et des universalités mobilières, ils ne s'appliquent pas aux meubles considérés comme objets particuliers, ils visent non pas les *res nullius*, mais les biens vacants, c'est-à-dire ceux qui, ayant eu un maître, n'en ont plus.

La Cour de cassation a posé très nettement le principe dans un arrêt du 13 août 1840 et cependant les circonstances semblaient bien favorables au propriétaire du sol. Le tribunal de Pont-Audemer, et après lui celui d'Evreux, avaient condamné pour vol un braconnier qui avait fureté des lapins sur le terrain d'autrui. La Cour de cassation a cassé ces jugements dans un arrêt ainsi motivé :

« Attendu que le fait mis par le jugement attaqué à la charge du demandeur consiste à avoir fureté dans un bois appartenant à autrui, sans l'autorisation du propriétaire; que le furetage est un mode de chasse approprié à la capture des lapins; que les lapins, comme tous les autres gibiers, sont par leur nature des animaux sauvages qui n'appartiennent à personne; qu'ils ne deviennent propriété particulière que quand ils sont enfermés ou tout au moins établis dans un lieu spécialement destiné à les multiplier ou à les conserver ; que hors ces circonstances qui ne se rencontrent pas dans l'espèce actuelle, la chasse de ces animaux ne peut constituer un vol ni une tentative de vol ; que cette chasse entreprise sans l'autorisation du propriétaire est un délit prévu par l'article premier de la loi du 30 avril 1790 (aujourd'hui par la loi du 3 mai 1844).

« Casse, etc... »

Dans quelles conditions peut s'effectuer l'occupation.

Le gibier étant *res nullius* devient la propriété du premier occupant, sans qu'il soit nécessaire de tenir compte du lieu où le chasseur l'a capturé, des conditions dans lesquelles il s'en est emparé, et des moyens dont il a usé pour l'appréhender. Le seul point à déterminer est celui de savoir si les conditions indispensables pour qu'il y ait occupation sont remplies.

Il est utile de séparer deux questions bien différentes qui trop souvent sont confondues : la question de propriété du gibier, question de pur droit civil qui pourra donner lieu à une action en revendication tendant à obtenir la restitution de la pièce de gibier elle-même ou sa valeur ; et la question du droit de chasse qui donnera naissance non plus à une action civile mais à une poursuite devant les tribunaux correctionnels. Les deux questions pourront se présenter simultanément, dans une même affaire, cependant elles sont indépendantes.

Le gibier en liberté ne peut appartenir qu'à celui qui s'en empare le premier, même sur le terrain d'autrui. S'il y a délit de chasse, le délinquant sera poursuivi en vertu de l'article II de la loi du 3 mars 1844 ; le propriétaire du fonds pourra demander des dommages-intérêts pour le préjudice qu'il aura éprouvé, mais il ne sera nullement fondé pour revendiquer la pièce de gibier tuée chez lui ou sa valeur. En vertu de quel droit pourrait-il la réclamer ? C'était une *res nullius,* une chose n'appartenant à personne, celui qui s'en est emparé n'a commis aucun vol.

Cette distinction entre la propriété du gibier et le droit de chasse était très nettement indiquée par Justinien dans ses *Institutes.* Les bêtes sauvages et les oiseaux deviennent la propriété du premier occupant ; peu importe, dit-il, que celui qui s'en empare les prenne sur son fonds ou sur celui d'autrui : *Nec interest feras, bestias et volucres utrum in suo fundo quisque capiat an in alieno* (1).

En droit français, jamais cette question n'a été sérieusement discutée. Bouteiller, dans sa *Somme rurale* (2), tire du droit naturel cette conséquence que les bêtes sauvages et les oiseaux appartiennent à ceux qui peuvent les prendre. « Ne ce n'a nulle différence si on les prent sur la terre si on l'a, ou en la terre d'autre, car où qu'on

(1) Livre II, t. I, § 12.
(2) Livre 1, t. XXXVI.

les prende, par celle même raison et droict sont à celui qui premier les peut prendre. »

Pothier donne la même solution (1).

Et depuis le Code civil, le principe n'a guère été mis en doute. Il ne se trouve, pour ainsi dire, pas d'auteur qui ne reconnaisse au chasseur le droit de devenir propriétaire du gibier dont il s'empare sur le terrain d'autrui sans autorisation et même malgré la défense du propriétaire (2).

Mais, a-t-on dit, la loi de 1844 ne permettant pas de chasser sur le terrain d'autrui, la prise de l'animal est, en ce cas, fondée sur un délit, elle ne peut mener à la propriété ; et on invoque la règle *Nemo ex delicto locupletari potest*. Mais cette maxime n'a rien à faire avec la question ; elle signifie que nul ne peut garder les fruits de son délit ; or, le chasseur qui s'est emparé du gibier sur la propriété d'autrui ne s'enrichit que par l'occupation ; le délit qu'il a commis est indépendant de son enrichissement, et s'il en a été la condition occasionnelle, il n'en a

(1) *Traité du domaine de propriété*, n° 24.
(2) On pourrait citer au contraire en ce sens :
Toullier, *Dr. civ.*, t. IV, n° 7.
Proudhon, *Traité du Dom. de propriété*, t. I, n°ˢ 385 et 386.
Duranton, *Cours de Dr. franç.*, t. IV, n° 283.
Demante, *Cours analytique de dr. civ.*, t. III, n°ˢ 11 et 11 *bis*.
Demolombe, *Traité des Successions*, t. I, n° 23.
Baudry-Lacantinerie, *Traité des Successions*, t. I, n°ˢ 14 et s.
Hue, *Dr. civ.*, t. V, n° 8.

pas été la cause (1). Ce délit n'enlève pas au gibier son caractère de *res nullius*, dès lors la propriété en a été acquise par le fait de l'appréhension et ce serait frapper le délinquant d'une véritable expropriation que de l'en dépouiller. Ce serait une peine accessoire, il faudrait un texte impératif et formel qui n'existe pas (2).

S'il arrive fréquemment qu'il y ait délit de chasse à s'emparer d'un animal sauvage sur le fonds d'autrui, il se peut aussi que celui qui pénètre sur ce terrain ne soit pas répréhensible au point de vue de la loi sur la chasse.

C'est ainsi que nous verrons, en recherchant quel fait constitue l'occupation, que celui qui va ramasser le gibier qui est allé mourir sur le champ voisin ou qui s'y trouve mortellement blessé ou sur ses fins ne commet pas de délit de chasse.

Les autres conditions auxquelles la loi du 3 mai 1844 subordonne le droit de chasser ne sont pas non plus nécessaires pour que le gibier devienne la propriété du chasseur.

Ce sont les mêmes raisons qui nous font admettre que le chasseur devient propriétaire du gibier qu'il a tué sans être muni d'un permis de chasse ou en temps prohibé. Ce qui le prouve avec le plus d'évidence dans ce dernier cas, c'est que la loi en ordonne la confiscation au profit des établissements de bienfaisance.

(1) Baudry-Lacantinerie, *op. cit.*
(2) Aubry et Rau, t. II, § 201. Leblond, *Code de la chasse*, n° 226.

Le chasseur vendra valablement son gibier, il en trans-férera la propriété à l'aubergiste, au marchand de comestibles chez qui ce gibier pourra être saisi et le marchand ou l'aubergiste n'auront aucun recours à exercer contre le chasseur sous prétexte qu'il leur a vendu une chose ne lui appartenant pas.

Le législateur n'a pas entendu, comme on pourrait l'objecter, empêcher le braconnier de devenir propriétaire du gibier qu'il a pris en temps prohibé en le lui confisquant; il a voulu simplement entraver la circulation du gibier et, par suite, sa destruction.

Enfin, le braconnier acquiert la propriété du gibier qu'il a pris à l'aide d'engins prohibés (1).

Cette opinion est toutefois contestée par quelques juris-consultes, notamment MM. De Neyremaud (2), Sorel (3) et Villequez (4).

« La chasse au collet, dit ce dernier, étant prohibée chez nous, ce mode de possession est illégal et ne saurait servir aux yeux de la loi qui défend de l'employer de base à un droit... Il en était déjà ainsi dans notre ancienne France... Aussi, Pothier examinant le point qui nous occupe n'hésite-t-il pas à dire que le tendeur de collets n'a aucun droit sur le gibier qui y est pris, ni

(1) Baudry-Lacantinerie, *Successions*, n°s 14 et s.
(2) De Neyremaud. *Questions sur la chasse*, p. 139. n° 25.
(3) Sorel, *Dr. de suite et propriété du gibier*, p. 32.
(4) Villequez, *Du dr. du chasseur sur le gibier*, n°s 52 et suiv.

aucune action à intenter contre ceux qui s'en seraient emparés. Il ne distingue pas si c'est le propriétaire du terrain ou tout autre. »

Pothier, au contraire, semble bien, croyons-nous, faire une distinction selon que le lacet est tendu par le propriétaire sur son fonds ou par un individu quelconque sur la propriété d'autrui. « Dans notre jurisprudence, dit-il, celui qui aurait tendu pièges ou collets dans un lieu où il n'a pas droit d'en tendre ne serait pas écouté à prétendre que le gibier qui s'y serait pris lui appartenait, ni à intenter aucune action contre celui qui s'en serait emparé ; on ne peut pas même dire que le gibier en se prenant aux pièges ou aux collets qu'il a tendus, fut tombé en son pouvoir ; car il n'était pas en son pouvoir de l'y aller prendre, le propriétaire du bien, ou ses gens, ayant le droit de l'empêcher de s'y transporter (1). »

La question de délit n'apparaît nullement dans ce passage ; et si Pothier refuse au tendeur de collets la propriété du gibier, c'est uniquement parce qu'il considère que l'occupation n'est pas complète, question que nous examinerons plus loin. Il aurait décidé de même s'il s'était agi d'un piège dont l'usage est permis, comme c'est le cas aujourd'hui pour les lacets à alouettes dans certains départements.

Mais celui qui admet que l'alouette prise dans un collet

______

(1) Pothier, *Traité de domaine de propriété*, chap. II, § 1er.

devient, dans ces départements, la propriété du tendeur dès qu'elle est prise et ne peut plus s'échapper, peut-il nier que l'occupation soit suffisante lorsqu'il se trouve en présence du même fait matériel dans un département où ce mode de chasse est prohibé? nous ne le pensons pas. L'idée de délit de chasse est tout à fait indépendante de celle de propriété, et l'animal sauvage, *res nullius*, tant qu'il est libre, appartient à celui qui lui a enlevé sa liberté naturelle, de quelque manière que ce soit, tant qu'il n'a pas renoncé à en prendre possession.

« Attendu, dit un arrêt de la Cour de cassation belge, qu'il importe peu que les actes de recherche et de poursuite qui ont précédé l'appréhension du gibier soient qualifiés délits par les lois relatives à la police de la chasse ; que cette circonstance est bien de nature à soumettre le chasseur aux peines et aux dommages-intérêts que ces lois comminent, mais qu'elle ne saurait avoir pour effet de modifier les conséquences civiles que l'acte d'occupation même doit avoir au point de vue de l'établissement de la propriété privée sur des animaux sauvages :... attendu qu'il n'y a pas lieu de distinguer entre les différents délits prévus par les lois sur la chasse, qui peuvent précéder, accompagner ou caractériser les actes d'occupation ou d'appréhension du gibier, de concéder la propriété au chasseur dans le cas où il s'est borné à chasser sur le terrain d'autrui sans autorisation du propriétaire et de la lui refuser dans le cas de défaut de port d'armes, d'usage d'armes ou d'engins prohibés, ou de chasse hors temps permis ; — Que cette distinction, qui ne trouve pas d'appui dans les dispositions des lois sur la chasse, n'en trouve pas davantage dans les dispositions du Code civil et est étrangère à la notion juridique du droit d'occupation ;

« Rejette... » (1).

Du fait qui constitue l'occupation.

Le gibier en liberté est *res nullius*, il devient la propriété du chasseur par occupation ; mais à quel moment cette propriété est-elle acquise ? Quel fait constitue l'occupation ?

La question était déjà controversée en droit romain, elle l'est encore de nos jours.

Le jurisconsulte Trebatius (2) soutient que l'animal qui a été blessé assez grièvement pour ne pas pouvoir échapper au chasseur qui le poursuit appartient à ce chasseur, bien qu'il ne s'en soit pas encore emparé. D'où la conséquence que nul autre ne pourrait s'en emparer sans commettre un *furtum*.

Justinien, au contraire, décide, et c'est l'opinion générale, que l'acquisition de la possession et partant de la propriété ne s'opère que par l'effet et au moment même

(1) Cass., belge, 2 juillet 1888, Dalloz, 1889. 2, 104.
(2) Digeste, Loi 3, § 1er, liv. XLI, t. I.

de la capture, car on ne peut pas savoir avec certitude si l'animal n'aurait pas réussi à se dérober aux poursuites des chasseurs : *Illud quœsitum est, an si fera bestia ita vulnerata sit ut capi possit, statim tua esse intelligatur. Quibusdam placuit statim esse tuam, et eo usque tuam videri donec eam persequaris; quod si desieris persequi, desinere tuam esse, et rursus fieri occupantis. Alii non aliter putaverint tuam esse, quam si eam ceperis. Sed posteriorem sententiam nos confirmamus, quia multa accidere possunt ut eam non capias* (1).

Le chasseur devient sans aucun doute propriétaire du gibier dont il s'est emparé ; c'est de ce fait qu'en règle générale résulte la prise de possession et par suite l'occupation.

Deux conditions sont nécessaires pour qu'il y ait occupation : le fait, *factum*, c'est-à-dire l'appréhension corporelle ; et l'intention, *animus*, c'est-à-dire la volonté de s'approprier la chose (2).

Mais, est-ce à dire que le chasseur doit avoir mis la main sur le gibier pour qu'il puisse invoquer le droit d'occupation ? Pothier, lui-même, répond que pour qu'un chasseur soit censé s'être emparé de l'animal et en avoir acquis le domaine, il n'est pas précisément nécessaire qu'il ait mis la main dessus ; il suffit que, de quelque

(1) *Institutes,* liv. 1, t. II, § 12.
(2) Demolombe, *Cours de Code Nap.*, t. XIII.

façon que ce soit, l'animal ait été en son pouvoir de manière à ne pouvoir s'échapper.

Le principe est certain, mais l'application fait naître de nouvelles difficultés. Quand peut-on dire que l'animal est en mon pouvoir ?

Evidemment, l'appréhension du gibier vivant ou mort m'en confère la propriété.

Ainsi, le gibier appartient au chasseur, dès qu'il est pris par ses chiens ; il en est ainsi, même si le maître est absent, ou ignore le fait, car sa volonté de devenir propriétaire du gibier, appréhendé par ses chiens, est démontrée par le fait même qu'il a dressé des chiens pour la poursuite du gibier (1).

Cette appréhension matérielle n'est pas indispensable. J'ai tiré, sur mon terrain, un animal qui va mourir sur la propriété voisine ; il n'est pas douteux que ce gibier m'appartient, et si le propriétaire voisin, ou tout autre, s'en emparait, il commettrait un vol, puisqu'il y aurait soustraction frauduleuse de la chose d'autrui. Il serait condamné à la restitution du gibier ou au paiement de sa valeur, si la restitution n'était plus possible.

Ce propriétaire pourra empêcher le chasseur de pénétrer sur son fonds pour prendre le gibier qu'il a tiré, non pas en vertu de la loi du 3 mai 1844, mais parce que le propriétaire peut s'opposer au passage de toute personne,

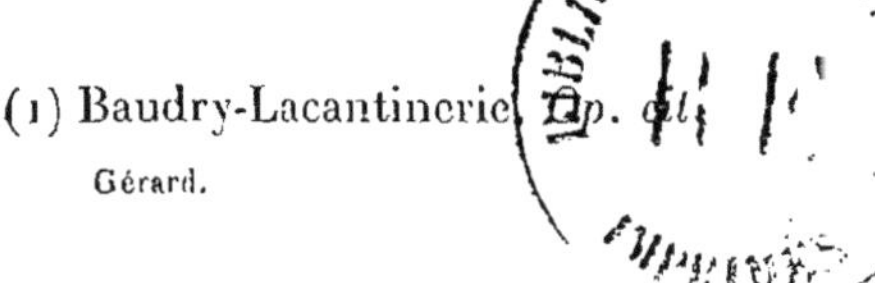

(1) Baudry-Lacantinerie, *op. cit.*

Gérard.

7

quelle qu'elle soit, chasseur ou autre, que ce passage lui soit ou non préjudiciable. L'usufruitier, ayant le droit de jouir de la chose, comme le propriétaire lui-même, pourrait faire la même défense. Le fermier du fonds ou le locataire de la chasse ne pourraient pas, au contraire, s'opposer à ce passage, le premier n'a que le droit de percevoir les fruits, le second, le droit d'empêcher de chasser, et nous supposons le gibier mort, il n'y a pas acte de chasse.

Le chasseur propriétaire peut donc revendiquer sa chose et le propriétaire du sol est obligé de la lui rendre, comme toute autre chose qui lui appartiendrait.

« Mais, dit M. Villequez (1), le propriétaire pourrait-il être condamné à restituer au chasseur le gibier dont il ne se serait pas emparé, qu'il laisserait exprès sur le terrain, en défendant au chasseur d'entrer, ou à lui en payer la valeur, si la restitution n'est plus possible? Pourquoi pas? En agissant ainsi, il prive aussi bien le chasseur propriétaire du gibier de l'exercice de son droit, que s'il s'en emparait, et tout propriétaire peut faire valoir son droit. Le propriétaire du sol n'aurait pas plus le droit de garder mon gibier sur son terrain que toute autre chose m'appartenant ; je le revendique, il faut bien me le rendre. Si le vent avait emporté mon chapeau sur votre terrain, vous pourriez m'empêcher d'y entrer pour le prendre : pour-

(1) Villequez, *Dr. du chasseur sur le gibier*, page 115.

riez-vous, pour autant, vous dispenser de me le rendre en le laissant sur place ? »

Lorsque le chasseur, malgré toutes ses recherches, ne peut retrouver le gibier qu'il a tiré et l'abandonne volontairement, l'animal redevient *res nullius* susceptible d'une nouvelle occupation. Ce sera une question de fait que de savoir s'il y a véritablement abandon, ou si le chasseur a seulement différé de quelques instants, de quelques heures même, la prise matérielle. S'il s'agit, par exemple, d'un sanglier, il arrive fréquemment que celui qui le tue le laisse sur place, dans l'impossibilité où il se trouve de l'emporter seul, il n'a pas, pour cela, abandonné ses droits.

Le chasseur qui pénètre sur le fonds d'autrui, pour appréhender le gibier qu'il a tué, ne chasse plus, il va chercher une chose qui lui appartient, aussi ne commet-il pas de délit de chasse. Son chien pourra l'aider dans ses recherches, car sans lui, son droit serait bien souvent illusoire, tant il est difficile [parfois de retrouver un animal qui s'est blotti pour mourir contre un tronc d'arbre, une motte de terre ou dans une touffe d'herbe.

On admet généralement que l'acquisition de la propriété peut résulter d'une blessure mortelle ou d'une fatigue telle que la blessure soit imminente et certaine. Quand peut-on dire que la blessure est mortelle ? Quand le gibier est-il sur ses fins ?

Une blessure mortelle est une blessure assez grave pour

mettre le gibier dans l'impossibilité d'échapper aux poursuites.

Il ne suffit pas que la blessure soit mortelle, en ce sens, que la mort doive s'en suivre dans un délai plus ou moins rapproché ; il faut encore que cette blessure ait mis la bête dans l'impossibilité d'échapper au chasseur (1).

« Pour que la propriété de l'animal, dit Proudhon, soit acquise par le fait de la chasse, s'il n'est pas encore sous la main du chasseur, il faut qu'il soit tellement blessé qu'il ne puisse plus lui échapper, puisque c'est par droit d'occupation réelle que se fait cette espèce d'acquisition (2). »

Une blessure légère, et en tout cas non mortelle, ne suffit pas pour établir une prise de possession au profit du tireur.

La distinction sera très difficile à faire, car rien ne ressemble plus à un perdreau blessé mortellement qu'un perdreau simplement blessé ou même qui ne l'est pas du tout. Il n'est peut-être pas de chasseur qui n'ait vu le lièvre sur lequel il vient de tirer fuir à une allure aussi rapide que s'il n'avait pas été touché, puis s'arrêter brusquement pour ne plus se relever. Qui aurait pu dire, pendant ce temps, s'il était blessé mortellement? Parfois, au contraire, le lièvre, qui a reçu quelques grains de plomb, roule au coup de fusil, puis s'enfuie rapidement devant le chasseur qui courait déjà le ramasser. L'appréciation des

<hr>

(1) Arrêt Cour sup., Luxembourg, 8 mai 1897, Dalloz, 1899, 2, 399.

(2) Proudhon, *Traité du domaine privé*, t. I, n° 386.

faits est très incertaine et les tribunaux s'aideront de toutes les circonstances possibles pour apprécier la gravité de la blessure.

Si deux chasseurs ont tiré simultanément une pièce de gibier, la propriété en appartiendra à celui qui l'aura blessé mortellement. Il sera souvent difficile de déterminer quelle blessure est mortelle ; c'est une question de fait. En tous cas on ne saurait attribuer la propriété aux deux chasseurs (1).

En cas de contestation entre deux tireurs successifs, la pièce de gibier doit être attribuée à celui qui l'a tirée le dernier et qui s'en est saisi, à moins que son contradicteur n'établisse qu'elle avait été mise par lui auparavant dans l'impossibilité de lui échapper. D'une manière générale, c'est au chasseur qui revendique la pièce de gibier à rapporter la preuve qu'elle avait été déjà de sa part l'objet d'un acte d'occupation, lorsque son adversaire se l'est appropriée : *In pari causa melior est causa possidentis.*

On assimile au gibier mortellement blessé celui qui est sur ses fins, c'est-à-dire l'animal qui, par suite d'une longue chasse, est tellement fatigué qu'il ne peut plus échapper à la poursuite du chasseur ; toute la question est de savoir si l'animal est en son pouvoir de manière qu'il n'ait plus qu'à le prendre ou le faire prendre. Le chasseur en est dès lors propriétaire ainsi que l'a décidé

(1) Tribunal de paix de Chauny, février 1858, *Journal des chasseurs,* 22ᵉ année, 1ᵉʳ semestre.

un jugement fort bien motivé du tribunal de Villefranche du 28 mai 1862.

« Attendu, est-il dit, qu'il résulte soit de l'enquête soit de tous les documents de la cause, que le lièvre aurait été non seulement poursuivi, mais encore forcé par les chiens de Morel ; que la preuve évidente de ce fait résulte de la facilité et de la promptitude avec lesquelles un chien de berger, celui de Duperret, est parvenu à les saisir : que dans cette situation il faut reconnaître que ce gibier ainsi forcé par les chiens de Morel, étant dans l'impossibilité d'échapper à ce dernier était, en conséquence, tombé en sa puissance ».

Le chasseur étant propriétaire du gibier dès qu'il l'a blessé mortellement ou mis sur ses fins, peut aller le chercher sur le terrain d'autrui ou même le faire prendre par son chien sans commettre de délit de chasse (1).

Il n'y aurait même pas de délit, pensons-nous, à l'achever d'un coup de feu ou d'un coup de couteau ; dès qu'il est établi que la blessure est mortelle, le chasseur en est propriétaire, il peut s'en emparer. Mais s'il est possible de prendre un lièvre qui n'est que blessé, on ne s'empare pas aussi facilement d'un sanglier ; c'est au contraire quand il est sur ses fins qu'il est le plus dangereux, et il est impossible d'en prendre possession matériellement avant sa mort. Celui qui l'achève fait moins un acte de chasse

(1) Trib. Melun, 7 novembre 1854, Orléans, 24 août 1868, Cass., 23 juillet 1869, Sirey, 1870, 1, 94.

qu'un acte nécessaire pour réaliser son droit. Nous ne voyons aucune différence au point de vue qui nous occupe entre le fait d'achever un lièvre blessé mortellement d'un coup de poing asséné sur la nuque et celui d'envoyer une balle à un sanglier pour hâter son agonie. Les forces de l'un et de l'autre sont diférentes, il faut employer des moyens différents pour arriver à un résultat identique.

La Cour de cassation est en sens contraire. Dans un arrêt du 28 août 1868, elle a décidé que si le chasseur ne commet pas de délit quand il ramasse sur le terrain d'autrui une pièce de gibier tirée sur son terrain et qui est allée tomber chez le voisin, il en est autrement du cas où le gibier n'est que blessé et où le chasseur tire sur lui pour l'achever sur une propriété qui lui est étrangère ; qu'un pareil acte tombe sous le coup de l'article II de la loi du 3 mai 1844.

Mais nous pouvons citer à l'appui de notre opinion un jugement du tribunal de Nancy, du 30 avril 1879, et l'arrêt de la Cour suprême de Justice de Luxembourg, du 8 mai 1897. Cet arrêt décide que le chasseur qui, sur le terrain d'autrui, tire sur un animal des coups de fusil dont le seul but est d'abréger l'agonie de l'animal qu'il avait blessé sur son propre terrain et de hâter une occupation déjà assurée par l'effet de son premier coup de fusil, ne se rend coupable d'aucun délit de chasse.

Jusqu'ici nous avons supposé le gibier tué ou blessé si grièvement que le chasseur n'a plus qu'à le prendre, et nous avons vu qu'il en devient propriétaire à partir du moment où il l'a blessé, de telle sorte qu'il ne peut plus lui échapper. Tout le monde est d'accord sur ce point.

Dans d'autres circonstances, la question de propriété est très controversée en droit, car en fait et en équité la solution n'en paraît pas douteuse. Il serait à souhaiter que le législateur fût appelé à trancher la difficulté ; il n'hésiterait pas à repousser les principes mêmes du droit pour adopter une solution plus conforme aux usages et aux convenances. Il s'agit du gibier poursuivi et du gibier tenu à l'arrêt.

Le chasseur qui poursuit avec ses chiens un animal qu'il a levé et lancé a-t-il sur lui un droit de propriété tel qu'il puisse le revendiquer entre les mains de celui qui le tirerait devant ses chiens et s'en emparerait ?

Certains jurisconsultes lui reconnaissent un droit opposable aux tiers parce que le gibier poursuivi a perdu sa liberté naturelle. Il a un droit de possession qui lui confère même un droit conditionnel de propriété tant qu'il est à sa suite. La prise de possession d'un animal sauvage ne s'opère qu'au moyen d'actes successifs qui durent tout le temps que les chiens le suivent (1).

« Je vais plus loin, dit M. Villequez, et je dis que la possession dans le sens rigoureux du mot (*posse*, mise au pouvoir) commence réellement sur la bête, pour le chas-

(1) Villequez, *Op. cit.*, n° 58.

seur aux chiens courants, avec la suite qu'ils lui donnent et dure autant qu'elle, quand même elle leur échapperait. Elle est en effet au pouvoir du chasseur au moyen de ses chiens, qui, tant qu'ils sont dans la voie, la font, bon gré mal gré, marcher devant eux grand train, et la prendront infailliblement si elle s'arrête, forcée ou non. Si, au contraire, ils perdent la voie, ne peuvent plus la reprendre (je ne parle pas d'un défaut qui n'interrompt pas la chasse, mais d'une mise bas qui met fin à la suite), le chasseur ne l'a plus en son pouvoir, elle lui échappe, il en perd la possession, son droit cesse. »

Cette théorie, qui ne peut qu'être approuvée par les véritables chasseurs et qui a été suivie par quelques tribunaux (1), ne nous semble pas conforme aux principes traditionnels du droit en matière d'occupation.

L'occupation n'existe qu'au moment où l'animal ne peut plus échapper ; or, il est évident que celui qui poursuit un gibier qu'il a levé ne peut pas prétendre qu'il ne lui échappera pas. Il est incertain s'il l'atteindra, incertain s'il le blessera, il ne peut donc pas le considérer comme étant en son pouvoir, condition essentielle pour qu'il y ait occupation.

Par conséquent, en droit, un second chasseur peut intervenir à tout moment de la poursuite et tuer l'animal de chasse.

---

(1) Trib., de paix, Dourdan, 22 février 1883.

Cette opinion, conforme à la loi romaine, est enseignée par la majorité des auteurs et consacrée par la jurisprudence de la Cour de cassation. « On ne peut, dit-elle, attribuer au fait seul de la poursuite le caractère légal de l'occupation (1). »

S'il est désagréable pour un chasseur de voir un braconnier attendre au passage et tuer le lièvre que poursuivent ses chiens, il est encore plus révoltant de le voir tirer le gibier à l'arrêt de son chien ; et cependant nous ne pouvons pas admettre que le gibier ainsi arrêté appartienne même partiellement au propriétaire du chien. L'arrêt ne constitue pas un commencement de prise de possession. Il n'enlève nullement au gibier la liberté de ses mouvements et tant que personne, maître du chien ou autre, n'a pas accompli l'acte nécessaire pour l'appréhender, le gibier demeure *res nullius*. Il devient la propriété du premier occupant, c'est-à-dire de celui qui le tue ou le blesse mortellement.

Mais si le chasseur ne peut pas revendiquer l'animal poursuivi par ses chiens ou tué à l'arrêt de son chien, on admet qu'il y aurait lieu d'accorder au maître des chiens des dommages-intérêts en vertu de l'article 1382 du Code civil ; car le tiers dont l'intervention a troublé la chasse a causé au chasseur un préjudice certain en lui enlevant le bénéfice de ses efforts et le légitime espoir qu'il avait

____

(1) Cass., 17 décembre 1879, Sirey, 1880, 1, 169.

conçu de les voir récompensés par la capture de l'animal (1).

Nous avons vu au début de ce chapitre que le gibier pris
dans un lacet est acquis à celui qui a tendu le lacet, bien
que ce mode de chasse soit prohibé. Mais à quel moment
peut-on dire que le tendeur en est propriétaire, faut-il
qu'il s'en soit emparé ?

L'animal sauvage, à partir du moment où il est privé de
sa liberté naturelle, devient la propriété de celui qui lui a
ravi cette liberté, quel que soit le moyen employé pour le
mettre en cet état. Il n'est pas nécessaire qu'il ait mis la
main dessus, il suffit que l'animal soit pris de manière à
ne pouvoir s'échapper.

Si l'animal était pris dans un collet destiné à un animal
plus faible, et qu'il fut probable qu'en se débattant, il dut
le rompre ou s'en débarrasser, l'individu qui, sur ces en-
trefaites, viendrait et l'en débarrasserait ne serait pas
passible d'une action comme dans le cas où il ne peut
s'échapper, puisqu'il ne causerait aucun préjudice au propriétaire du lacet. Celui-ci ne pourrait, en effet, dire qu'il
a rendu la liberté à un animal qui lui appartenait parce
qu'il n'est censé lui appartenir que lorsqu'il est lié de
manière à ne pouvoir s'échapper. Si par exemple un che-
vreuil se prend le pied dans un collet à lapin, il sera
peut-être arrêté pendant quelques instants, mais il tirera

(1) M. G. F. Du Saint, *Repert. général de Dr. franç.*, *Chasse.*

tant et si bien qu'il recouvrera sa liberté ; il n'aura jamais été la propriété du tendeur de collets.

Mais, selon certains auteurs, il est important d'examiner si le piège a été tendu dans une propriété où le chasseur avait le droit de chasse ou sur un fonds où la chasse lui était interdite. L'occupation à l'aide de pièges comprend, selon eux, deux événements successifs, la capture du gibier par l'engin de chasse et son appréhension par la personne qui l'a posé ; elle n'est réalisée qu'autant que ce dernier acte est accompli. Si l'engin est placé par le propriétaire lui-même sur son terrain, ce propriétaire acquiert, *hic et nunc*, le domaine du gibier pris car il est libre d'aller le saisir quand bon lui semble, et nul ne peut l'empêcher de le faire. A l'inverse, si celui qui a déposé le piège est un étranger, comme le propriétaire du terrain est en droit de lui interdire l'accès de sa propriété, il peut se trouver dans l'impossibilité d'accomplir le dernier acte nécessaire pour rendre sa prise de possession effective. Il est donc permis de dire que le propriétaire de l'engin n'a pas encore acquis sur le gibier capturé un droit opposable aux tiers et que dès lors il est loisible au premier venu de s'en emparer et de se l'approprier, sans être exposé à aucune revendication de sa part.

Cette distinction entre le propriétaire et l'étranger ne nous semble pas compatible avec les principes de l'occupation ; le gibier appartient à celui qui lui a enlevé sa liberté, de telle sorte qu'il ne puisse plus lui échapper ;

pour l'étranger comme pour le propriétaire, le fait de faire tomber le gibier dans le piège enlève bien à l'animal sa liberté. Et la simple interdiction de pénétrer sur le fonds ne peut pas être considérée comme un moyen pour l'animal d'échapper, sans quoi il faudrait admettre que le gibier blessé mortellement qui va mourir sur le fonds d'autrui n'appartient pas à celui qui l'a tiré s'il lui est interdit de pénétrer sur ce terrain, et nous avons admis le contraire.

DOMMAGE CAUSÉ PAR LE GIBIER

Personne n'ignore combien le gibier abondant dans une chasse peut causer de dommages aux cultures avoisinantes, et c'est souvent à juste titre que le cultivateur réclame une indemnité au détenteur du droit de chasse. Parfois, au contraire, le gibier est assez rare, les dégâts peu importants et néanmoins, le propriétaire riverain ne se fait aucun scrupule de demander des dommages-intérêts. De là, les nombreux procès que soulèvent presque journellement ces questions de responsabilité.

Aucun texte, ni dans la loi de 1844, ni dans le Code civil ne vise spécialement la responsabilité résultant du dommage causé par le gibier. L'article 1385 Civ. rend « le propriétaire d'un animal, ou celui qui s'en sert pendant qu'il est à son usage, responsable du dommage que l'animal a causé, soit que l'animal fut sous sa garde, soit qu'il fut égaré ou échappé ». Peut-on l'appliquer au gibier en général ? Non ; car il ne rend responsable du dommage causé que le propriétaire, et le gibier est *res nullius*. Il n'est fait exception que pour les lapins de garenne ; l'article 524 Civ. les fait rentrer dans la classe des immeubles par destination ; ils appartiennent au propriétaire du fonds.

Un terrain, renfermant des lapins, n'est pas, par ce fait même, une garenne ; il faut que, par sa destination même, il soit disposé pour y nourrir et y entretenir des lapins, peu importe que le terrain soit clos ou non ; il faut que le propriétaire ait fait des travaux pour y fixer ce gibier et l'y faire multiplier. Un terrain qui, par sa nature même, est très favorable à la reproduction des lapins, terrains sablonneux, par exemple, comme les dunes, ne doit pas être forcément considéré comme une garenne, bien que les lapins soient nombreux et que le propriétaire en fasse garder la chasse. L'article 1385 ne sera pas applicable, les voisins devront invoquer, comme nous le verrons, une faute, une négligence ou une imprudence ; le simple dommage ne suffira pas pour rendre responsable le propriétaire du fonds.

Le propriétaire d'une garenne, au contraire, est responsable des dégâts commis par ses lapins, il est inutile d'invoquer contre lui un autre fait que le dommage lui-même (1).

Quelques jurisconsultes ont voulu appliquer cet article au gibier en général ; Merlin lui-même avait conclu le 11 mai 1807, devant la Cour de cassation, au rejet d'un

(1) Cass., 29 octobre 1889, Dalloz, 90, 1, 432.

pourvoi dirigé contre un jugement qui déclarait le propriétaire d'un bois, autre qu'une garenne, responsable, *ipso facto*, des dommages causés par les lapins renfermés dans ce bois. Merlin pensait, en effet, que le propriétaire du bois était, en même temps, propriétaire des lapins de garenne, animaux sédentaires. La Cour, en admettant le pourvoi, donna tort à son procureur général et inaugura la doctrine dans laquelle elle a persévéré depuis. Merlin reconnut son erreur, et il écrit dans son répertoire : « Je dois reconnaître que je m'étais trompé dans mes conclusions du 11 mai 1807, en regardant comme appartenant au propriétaire d'un bois, les lapins qui n'existent dans ce bois que par l'effet de l'instinct qui les y a rassemblés et sans que le propriétaire ait rien fait pour les y attirer (1) ».

Est-ce à dire qu'on ne peut invoquer aucun texte contre le propriétaire du fonds sur lequel se multiplie le gibier, de telle façon qu'il devient nuisible aux terres voisines? Non, assurément. Les articles 1382 et 1383 Civ., par leur généralité même, permettent d'intenter contre ce propriétaire une action en responsabilité. Mais les conditions de son exercice seront toutes différentes ; le seul fait qu'il y a dommage, quelle que soit son importance, n'est plus suffisant pour engager la responsabilité du propriétaire du fonds ; il faut qu'il y ait faute, négligence ou imprudence.

(1) Merlin. *Répertoire, Gibier*, n° 8.

Conditions nécessaires pour qu'il y ait responsabilité.

Pour qu'il y ait responsabilité en notre matière, il faut, avant tout, qu'il y ait dommage, et que ce dommage soit au moins appréciable, il faut qu'il soit réel, sérieux et non pas dérisoire, comme c'était le cas dans cette affaire rapportée par M. Sorel, dans son très complet ouvrage sur le dommage causé aux champs par le gibier : (n° 65).

« Un juge de paix de la Somme, dit-il, après avoir :

Ordonné qu'il serait fait rapport à la Cour...

Du blé que peut manger un lapin en un jour,

et alors que les trois experts nommés déclaraient, après les trois visites réglementaires, que le dommage était si faible qu'ils ne pouvaient en fixer la valeur qu'à cinquante centimes, même en l'estimant largement, condamna bel et bien le propriétaire du sol à payer cette modeste somme. Il est vrai que derrière les cinquante centimes figurait la note des frais qui se montait à plusieurs centaines de francs. Heureusement pour le pauvre propriétaire, il y avait des juges à Amiens; et le 16 novembre 1858, après bien des incidents de procédure, le tribunal de cette ville décida que le dommage était d'une si minime importance, qu'aucune action en responsabilité ne pouvait rejaillir sur le propriétaire. »

On admet généralement en jurisprudence et en doctrine un système qui atténue beaucoup la responsabilité du propriétaire de bois ; on considère qu'il y a une sorte de servitude de voisinage pour les propriétés situées à proximité d'une forêt ; il y a normalement dans tout bois une certaine quantité de gibier, il en résulte un dommage pour les champs avoisinants ; tant qu'il ne dépasse pas la limite de cette charge naturelle, le propriétaire n'encoure aucune responsabilité.

Mais il ne suffit pas qu'il y ait dommage, pour que le propriétaire soit responsable des dégâts commis par les animaux sauvages qui ont trouvé un abri sur son fonds ; et quand bien même le dommage serait si important que la récolte du voisin serait presque entièrement détruite, il ne saurait à lui seul engendrer la responsabilité du propriétaire. Il faut pouvoir reprocher à ce dernier une faute, une négligence ou une imprudence ; et le tribunal qui condamne doit constater cette faute. La jurisprudence admet qu'en cas de réclamation des voisins d'un bois se plaignant de dégâts causés à leurs récoltes, la présomption est favorable au propriétaire.

Il est très difficile de déterminer à quel moment commence la faute du propriétaire et en quoi elle consiste, aussi ne peut-on guère qu'indiquer les solutions admises en général par la jurisprudence, laissant aux tribunaux le soin d'apprécier dans chaque circonstance qui doit supporter la perte.

Il faut avant tout distinguer selon que le propriétaire a favorisé l'installation et la reproduction du gibier ou qu'il n'a rien fait pour l'établissement et la multiplication sur sa propriété des animaux sauvages qui ont commis des dégâts sur les fonds voisins.

Si le propriétaire a introduit sur son terrain des animaux qui n'y existaient pas auparavant, ou s'il en a seulement augmenté le nombre pour les propager plus rapidement, il est coupable et responsable des dégâts commis par eux, même s'il autorise les voisins à les détruire. Si, au contraire, ces animaux sont venus, poussés par leur instinct naturel, chercher un abri sur sa propriété, il sera à l'abri de toute poursuite s'il n'empêche pas le voisin de les détruire ou de les faire détruire. S'il interdit cette destruction, il cause un dommage aux riverains par son fait, et l'article 1382 lui est applicable.

Le propriétaire serait encore responsable, quoique n'ayant pas introduit de lapins dans son bois s'il en avait favorisé le repeuplement, par exemple en construisant des terriers ou même en refusant de détruire ceux existants, ainsi que les herbes, ajoncs, buissons qui leur servent de retraite.

Est-il responsable par le fait seul qu'il ne chasse pas? Non, dit la Cour de cassation (1); aucune loi et aucun principe ne l'obligent à détruire le gibier qui se trouve sur sa propriété.

Toutefois la jurisprudence est très incertaine sur ce point, et si l'arrêt de 1867 déclare nettement qu'il n'y

(1) Cass., 4 décembre 1867, Dalloz, 1867, 1, 456.

a pas de faute dans le fait seul de ne pas chasser, on pourrait aussi citer de nombreux arrêts alternant avec d'autres en sens contraire, décidant que le propriétaire est tenu de détruire le gibier venu de son propre instinct s'établir sur ses propriétés et causant du dommage aux riverains.

C'est ainsi que l'arrêt de cassation du 8 juillet 1890 décide que « pour dégager sa responsabilité, il ne suffit pas au propriétaire d'un bois de ne pas y attirer les lapins et de ne pas en favoriser la multiplication, qu'il est en outre tenu de multiplier tous moyens nécessaires pour prévenir le dommage qui pourrait résulter pour les propriétés voisines du nombre excessif de ces animaux (1). »

Mais il est bien certain que le propriétaire qui chasse, dès qu'il est constaté qu'il a fait tout ce qui dépendait de lui pour détruire, éloigner et disperser le gibier existant, n'est pas responsable.

Pendant longtemps la Cour de cassation a relevé comme un élément de faute à la charge du propriétaire d'un bois le fait d'avoir fait rigoureusement garder la chasse de ce bois (2); mais dans un arrêt plus récent elle a décidé que le propriétaire ne fait qu'exercer un droit dont l'abus seul pourrait le rendre responsable (3).

(1) Cass., 8 juillet 1890, Dalloz, 1891, 1, 452.
(2) Cass., 28 octobre 1891, Sirey, 1892, 1, 438. — 7 mai 1884, Sirey, 1887, 1, 157.
(3) Cass., 15 juin 1895, J. Palais, 1895, 1, 352.

La responsabilité du propriétaire pourrait d'ailleurs être écartée ou partagée si le plaignant avait commis une faute ou était de mauvaise foi.

Si, par exemple, il avait établi des cultures délicates, dont les lapins sont particulièrement avides, à proximité du bois ;

S'il a négligé de prendre part aux battues organisées par le propriétaire pour la destruction du gibier ;

S'il n'a rien fait lui-même pour détruire sur ses terres le gibier dont il se plaint, etc.

A partir de quel moment le propriétaire ou locataire de la chasse est-il tenu de procéder ou de faire procéder à la destruction du gibier ?

N'est-il en faute que lorsqu'une mise en demeure régulière lui a été adressée ? La négative est certaine, les articles 1382 et 1383 n'exigent pas cette condition pour la responsabilité qu'ils établissent, et ils ne peuvent l'exiger, dit la Cour de cassation (1), attendu que souvent le délit ou le quasi délit ne peut être prévu, ce qui rend la mise en demeure impossible.

Mais sera-t-il nécessaire tout au moins que les riverains avertissent les propriétaires du bois des dommages causés par le gibier ? Certains auteurs sont de cet avis (2). L'équité et la raison veulent qu'il en soit ainsi, disent-ils.

(1) Cass., 10 juin 1863, Dalloz, 1863, 1, 369.
(2) Sorel, *Dommages causés aux champs par le gibier*, n° 21, Leblond, *Code de la chasse*, n° 397.

Un propriétaire de bois éloigné ou absent, peut en effet n'être pas au courant de la situation et ignorer les faits, alors surtout que grâce au peu de gibier que renferme sa propriété, il n'a jamais eu à souffrir des réclamations de ses voisins.

Telle n'est pas notre opinion; si le propriétaire n'est pas sur les lieux pour se rendre compte des dégâts commis par le gibier, il aura des représentants, ses gardes, par exemple, qui pourront le renseigner. S'il n'a pas de garde et s'il n'a pas introduit de gibier, s'il laisse à tout le monde la faculté de chasser sur sa propriété, sa respon-sabilité ne sera pas engagée, même quand il sera prévenu.

Si, au contraire, il a commis une faute ou une impru-dence, peu importe qu'il ignore ou qu'il connaisse le dommage causé aux riverains. Ce dommage peut être im-prévu pour les riverains mais personne mieux que le pro-priétaire ne sera à même de le prévoir, lui seul et ses représentants savent qu'il y a sur sa propriété des animaux capables de causer un dommage aux riverains, il doit les détruire s'ils sont là par sa faute.

La responsabilité du propriétaire dans les conditions que nous venons d'indiquer, c'est-à-dire quand on peut lui reprocher une faute, une imprudence ou une simple négligence, doit être engagée quelle que soit l'espèce de gibier qui a causé les dégâts.

Les lapins sont certainement les animaux qui donnent le plus souvent naissance aux procès, ils pullulent à l'infini, et leurs habitudes sédentaires ne permettent pas de mettre en doute leur culpabilité.

Mais la question est très discutée quand on est en présence d'animaux d'un caractère beaucoup plus nomade, tels que le lièvre, le sanglier, le cerf, les biches, daims et chevreuils.

On ne pourrait pas dire d'eux qu'ils sont comme en la puissance du propriétaire du bois où il se trouve momentanément. Comment donc alors ce propriétaire deviendrait-il responsable des faits et gestes d'un animal qui aujourd'hui est ici et demain sera là-bas?

A la vérité, si ces animaux n'ont pas été attirés sur le fonds dont ils sortent pour causer des dégâts, ou si leur multiplication n'a pas été favorisée par une garde rigoureuse, par l'interdiction de tuer dans les battues les femelles, biches, chevrettes, etc. Si en un mot aucune faute, négligence ou imprudence n'est reprochable au propriétaire ; aucune responsabilité n'est encourue par lui. Mais si, au contraire, un fait de cette nature peut être relevé contre lui, s'il refuse de laisser pénétrer les riverains sur sa propriété pour y détruire les sangliers qui ne s'y sont établis que pour quelques jours peut-être mais sortent chaque nuit et commettent de graves dommages, il sera responsable, il est en faute puisqu'il empêche leur destruction.

Personnes responsables.

On peut admettre en principe que les personnes responsables sont celles qui, à un titre quelconque, ont la jouissance du terrain d'où sont sortis les animaux qui ont commis le dommage ; et plus spécialement celles qui sont investies du droit de chasse sur cet immeuble : le propriétaire, l'usufruitier, le concessionnaire du droit de chasse.

Le plus souvent les contestations s'élèvent entre personnes n'ayant entre elles aucun lien particulier ; c'est un propriétaire de champs voisins d'un bois qui intente une action contre le propriétaire de ce bois ou le locataire de la chasse ; mais parfois il existe entre les parties un lien contractuel qui change quelque peu les conditions de responsabilité ; c'est, par exemple, le locataire du fonds qui réclame des dommages-intérêts à son bailleur ; ce peut être aussi le bailleur qui actionne son locataire de chasse.

Quand aucun contrat n'a été passé entre les parties au procès, pas de difficulté, les règles que nous avons exposées s'appliquent entièrement.

Si cependant les dégâts sont causés par des animaux provenant de plusieurs propriétés, peut-on se contenter d'attaquer l'un des propriétaires pour se faire indemniser entièrement, ou bien peut-on les citer tous ensemble, et réclamer contre eux la solidarité ?

Cette opinion est peu soutenable. En effet, comme l'a

fort bien indiqué le juge de paix de Rambouillet dans son jugement du 26 décembre 1868, jugement confirmé le 26 février 1869 par le tribunal de Rambouillet, la solidarité ne se présume pas, elle ne peut résulter que des conventions ou de la loi ; pour qu'elle soit admise en matière de quasi délits, il faut qu'il y ait eu chez les auteurs des faits dommageables, unité d'action, de temps et de lieu ou concert coupable. Or, à moins qu'il ne s'agisse de copropriétaires ou de colocataires, chacun des défendeurs agit isolément, sans connivence, dans son intérêt particulier, et dès lors les faits de garde, de conservation et de reproduction du gibier qui cause le dommage sont divisibles.

Lorsque le propriétaire a cédé son droit de chasse à un locataire ou à un adjudicataire, ces ayants droit sont tenus des mêmes devoirs et obligations que le propriétaire lui-même. Si le propriétaire est actionné, il mettra en cause son locataire.

Dans quelques cas cependant le propriétaire pourra rester seul responsable. Il semble que le défoncement des terriers, par exemple, incombe au propriétaire et non au locataire. Ce dernier n'a pas la propriété du sol, il ne serait coupable que s'il avait omis de prévenir le propriétaire du dommage causé par le gibier et de la nécessité du défoncement des terriers, à moins toutefois que son bail ne contînt une clause spéciale sur ce point (1).

(1) Trib. Melun, 21 février 1862, *Le Droit*, 19 avril 1862.

Le fermier de la terre peut-il demander une réduction du prix à raison du dommage causé à ses récoltes par le gibier? Par cela même qu'il a consenti à ce que le droit de chasse soit réservé au propriétaire, doit-il être considéré comme ayant renoncé à toute réclamation au sujet des dégâts causés à ses récoltes par le gibier?

On distingue quelquefois, selon que le gibier qui cause des dommages se trouve sur le fonds même faisant l'objet du bail ou sur des terres voisines appartenant cependant au bailleur.

Dans le premier cas le fermier n'aurait aucun droit à des dommages-intérêts, car s'il n'a pas le droit de chasse il a le droit de légitime défense contre le gibier qui détruit ses récoltes.

Si, au contraire, le gibier provient de terrains ne faisant pas partie de la location, le fermier se trouve en présence d'un voisin et non plus d'un bailleur ; son droit à une indemnité s'exercera dans les mêmes conditions que si le riverain lui était tout à fait étranger.

Cette distinction ne nous paraît pas admissible, le fermier a contracté avec son bailleur, celui-ci doit le faire jouir paisiblement de la chose louée (art. 1719 Civ.). Si le propriétaire a commis une faute en attirant ou en retenant le gibier et en favorisant sa multiplication, il est responsable et doit indemniser le preneur ; peu importe que les animaux se retirent sur le fonds même, objet du bail, ou sur le fonds voisin.

Mais si aucune négligence, aucune imprudence ne lui est imputable et que le fermier ait loué une terre dans une contrée très giboyeuse, il devrait supporter sans diminution de prix les dommages causés par le gibier. Ce sont des inconvénients naturels aux biens loués, dit M. Guillouard, comme la gelée dans les pays froids et la pluie dans certaines régions (1).

Il suffira, du reste, d'introduire dans le bail une clause spéciale pour changer ces principes. Le bailleur pourra s'exonérer du dommage causé par le gibier au moyen d'une clause de non garantie. Le prix de la location sera fixé en raison même de cette chance de moins-value des récoltes. Il ne faudrait pas cependant que celles-ci fussent entièrement détruites, les parties ont bien entendu qu'il pourrait y avoir diminution de produit, mais non pas anéantissement complet ou presque complet.

Enfin le bailleur peut-il demander à son locataire du droit de chasse une indemnité parce que le gibier se trouve sur sa propriété en trop grande quantité et lui cause du dommage?

Pas de difficulté si une clause du bail a prévu cette hypothèse; les parties se sont fait la loi, elles doivent la suivre.

Si, au contraire, il n'a rien été dit à ce sujet, il semble que la réclamation du bailleur soit bien exorbitante. Plus

(1) Guillouard, *Contrat de louage*, n° 541.

il y aura de gibier sur sa propriété, plus il louera cher son droit de chasse, il n'a pas à se plaindre de cette situation. C'est ce qu'a décidé le tribunal de Melun dans un jugement du 28 février 1862, en disant que « le locataire d'un droit de chasse ne peut tirer profit d'un bail dont le prix a été fixé à raison de la plus ou moins grande quantité de gibier et se faire un argument de cette circonstance de la multiplication du gibier pour formuler une demande en dommages-intérêts contre son locataire ».

Ce raisonnement, très séduisant pour le preneur et juste dans la plupart des cas, ne doit pas être admis sans réserves.

Témoin ce cas où un locataire passe un bail de chasse pour une durée assez longue. Au moment où il contracte le gibier est peu abondant, le prix de la location est fixé en conséquence ; puis le locataire garde rigoureusement sa chasse, ne fait pas de battues, introduit au besoin du gibier et n'arrête d'aucune façon sa multiplication. Peut-on admettre que le bailleur soit obligé de supporter sans se plaindre tous les dégâts que cause ce gibier ? Personne ne pourrait le soutenir. Les juges devront apprécier quelles ont été les intentions des parties et si le prix de la location ne permet pas de penser qu'une telle augmentation de gibier et par suite de dommages a été prévue, ils devront condamner le locataire coupable.

Mais toute responsabilité devrait être écartée si le gibier n'était pas sensiblement plus abondant quand le bailleur

se plaint qu'au jour de l'entrée en jouissance. En effet,
dans ces limites, le propriétaire du fonds doit supporter le
dommage causé par le gibier dont la présence seule a
motivé la location du droit de chasse.

Vu :

Le Président,

M. PLANIOL.

Vu :

Le Doyen,

GLASSON.

Vu et permis d'imprimer :

Le Vice-Recteur de l'Académie de Paris,

GRÉARD.

TABLE DES MATIÈRES

FIN DE LA TABLE

SAINT-AMAND (CHER). — IMPRIMERIE SCIENTIFIQUE ET LITTÉRAIRE, BUSSIÈRE